Tenemos que hablar de

EMPLOYER BRANDING

Marta Iranzo Bañuls

Estamos en un cambio de era
donde la transformación es imparable.

Que las PERSONAS estén en el centro
no es una opción.

Que las MARCAS y sus CEO
tenemos una gran responsabilidad
no es discutible.

Dedicado a Alba, Alejandra y Lucía

CONTENIDO

Tenemos que hablar de...

INTRODUCCIÓN

A finales de 2022 escuché a un director general de una compañía del sector alimentario expresarse en estos términos: «En dos años nadie va a querer venir a trabajar a esta empresa».

Estaba realmente preocupado porque, por su sector (alimentación) y cliente directo (B2B, otras empresas), su empresa no había identificado su propósito ni dado importancia a crear marca. Sin propósito y sin marca no hay sentimiento ni anhelo de pertenencia.

Esta fue una frase simple que visibilizaba una realidad que yo llevaba reconociendo desde hacía más de 30 años.

Acababa de pasar la adolescencia cuando mi sangre ya se agitaba al escuchar razonamientos de la época como «la empresa son solo números», «las personas son un elemento más de producción», «trabajo y felicidad no pueden ir de la mano», «a las empresas no les interesa contratar mujeres» o «el deterioro del medio ambiente no es mi responsabilidad».

Era una lucha de David contra Goliat.

Desde 2003, trabajando en branding, estrategia y comunicación, siempre he tenido muy claro el valor que las empresas aportan a la sociedad, y todavía más, que el mayor valor de las empresas son las personas.

Desde los comienzos, todo el equipo NEXIA ha llevado esta creencia por bandera. Fueron años de predicar en el desierto.

¿Qué ocurre cuando los CEO y equipos directivos ignoran estos mensajes? Pues que hay que seguir educando y culturizando y esperar que el cambio de paradigma ya sea inevitable. Y ha llegado ese momento.

Primero fue David contra Goliat, luego llegó la travesía por el desierto y, por fin, llega el momento de compartir argumentos en este libro.

Tenemos que hablar de EMPLOYER BRANDING surge por la necesidad de compartir con todos los CEO y equipos directivos, especialmente los de RR. HH. (o nomenclaturas similares) y marketing, no solo mis reflexiones de estos años, sino también todo lo que he podido aprender sobre los retos, oportunidades y dificultades tras escuchar a más de 100 invitados en nuestros desayunos Tenemos Que Hablar (TQH).

Lo que se dijo en aquellos desayunos y los directivos que participaron seguirán en el anonimato, ya que, tal y como acordamos en aquel momento: «Lo que se habla en TQH se queda allí». No hubo nota de prensa, ni publicaciones sobre el contenido de lo allí hablado. Y ese es el éxito, directivos hablando de sus problemas y, lo mejor de todo, también compartiendo soluciones. Por esa razón, todo ese conocimiento del que tuve la oportunidad de participar debía servir para algo más.

A estos desayunos eran invitadas personas clave en las organizaciones que eran conscientes de la importancia de crear empresas atractivas al talento, de poner a las personas en el centro, y por eso: ¡Teníamos que hablar!

Compartir con un café los desafíos y los retos que tenemos las marcas a la hora de atraer, retener y comprometer al talento fue una buena forma de empezar el día. Se trataba de una conversación abierta y dinámica y que en cada ocasión nos llevaba a tocar temas desde enfoques diferentes, pero siempre con algunas preguntas clave. Por eso cada desayuno es único.

¿Es la alta dirección consciente de la situación en la empresa en cuanto al compromiso del talento? ¿Qué peso tiene, de verdad, en vuestras marcas la atracción, retención y compromiso de los equipos? ¿Quiénes son las personas clave para que los proyectos de atracción y retención del talento prosperen? ¿Quiénes han sido los mayores aliados? ¿Y los peores aliados? ¿Qué resistencias nos hemos encontrado? ¿De qué medios y recursos se dispone para llevar a cabo estos planes de acción? ¿Cuál ha sido la aceptación de estos planes por parte de los equipos? ¿Cómo medís resultados? ¿Se reflejan en las encuestas de clima u otras métricas? Como alta dirección, ¿qué peso tienen estos resultados y objetivos en la alta dirección?

Ahora será más fácil que entiendas mi propósito y el de todo el equipo NEXIA.

Creemos en la capacidad de las empresas de mejorar nuestras vidas. Desde una nueva mentalidad empresarial donde lo que es bueno para la empresa debe ser mejor para las personas. No es romanticismo, son resultados. Porque atraer y comprometer el talento a tu empresa es sinónimo de éxito. Ayudamos a construir marcas que tengan en el centro a las personas: Marcas que aman a las personas.

Para qué lo hago

¿Y para qué escribir un libro sobre employer branding? Me considero activista y me mueve el agitar conciencias y personas. Los proyectos y desayunos están muy bien, pero me gustaría llegar a más gente, ayudar a más marcas a construir su propósito y a que las empresas sean mejores lugares para trabajar y para vivir.

Si estás leyendo este libro es que, dentro de ti, sabes que ha llegado el momento de las personas, y que ponerlas en el centro de tu propósito no es una opción.

¿Quieres que las personas amen tu marca? Deberías empezar por que tu marca ame a las personas.

Quiero compartir contigo una nueva visión de cómo las personas nos relacionamos con las marcas.

Hablaremos de branding, propósito, comunicación y cultura.

Entenderemos cómo estamos inmersos en una guerra por el talento a nivel mundial y cómo esta situación va a dirigir nuestro futuro.

Diferenciaremos entre mano de obra y talento.

Intentaremos acercarnos a cómo la inteligencia artificial va a impactar en este nuevo escenario.

De cómo el teletrabajo solo es la punta del iceberg de un nuevo concepto de oficina, pero también de un nuevo concepto de ciudad y de mundo.

De cómo liderazgo, igualdad y bienestar conviven para hacer una sociedad más rica.

Hablaremos de nuestra responsabilidad como CEO a buscar la sostenibilidad de nuestra marca y la felicidad de nuestra comunidad.

Cuestión de resultados

Y no es una cuestión romántica. Al hablar de felicidad parece que nos dejemos llevar por el «buenismo».

Employer branding habla de felicidad pero también de resultados. Las empresas con mayores índices de compromiso de sus empleados tienen mejores resultados.

En un momento en que la Gran Renuncia fue una realidad en 2022 y en el que la tasa de rotación en España ha superado el 30/40 % en determinados sectores, las empresas del Informe Best Workplaces 2023 han sabido fidelizar el talento obteniendo una tasa de rotación voluntaria del 7 %.

Esa menor rotación supone, directamente, una bajada de costes. Sí, el no poner en marcha una estrategia de employer branding tiene un coste económico tanto directo como indirecto. Revisa las siguientes partidas de tu organización:

<u>Costes de reclutamiento y selección</u>. Cuando un empleado se va, la empresa debe invertir tiempo y recursos en buscar, entrevistar y contratar a un reemplazo adecuado. Esto puede incluir anuncios de trabajo, honorarios de agencias de reclutamiento, costes de publicación en sitios web de empleo y tiempo de los empleados dedicado a la selección.

<u>Costes de capacitación y desarrollo.</u> Una vez contratado un nuevo empleado, es probable que la empresa deba proporcionar capacitación y orientación para que se adapte a su nuevo rol. Estos costes pueden incluir materiales de capacitación, tiempo de capacitadores y la pérdida de productividad mientras el nuevo empleado se pone al día.

<u>Costes de separación.</u> Esto incluye cualquier pago de indemnización o beneficios pendientes que deban pagarse al empleado que se va. También podría incluir costes legales si el empleado plantea una disputa laboral.

<u>Costes de recursos humanos.</u> Los departamentos de Recursos Humanos deben manejar todos los aspectos relacionados con la salida de un empleado, desde el papeleo hasta la administración de beneficios y la planificación de la sucesión. Estos costes no solo incluyen tiempo y esfuerzo, sino posiblemente software y sistemas de administración de recursos humanos.

<u>Pérdida de productividad.</u> Durante el proceso de rotación y mientras se espera que el nuevo empleado alcance el nivel de rendimiento deseado, es posible que se produzca una disminución en la productividad del equipo. Esto puede afectar la entrega de proyectos y los objetivos comerciales.

<u>Pérdida de talento y conocimiento</u>. Hoy inmersos en una guerra por el talento es un coste difícil de cuantificar, pero con gran impacto en la organización.

<u>Impacto en la cultura organizacional.</u> La rotación frecuente puede tener un impacto negativo en la cultura organizacional y en la moral de los empleados restantes, lo que podría dar como resultado una disminución de la motivación y la satisfacción en el trabajo.

Aunque estos costes pueden variar en el caso de tu empresa, en mayor o menor medida, te aseguro que afectan a tu cuenta de resultados.

Qué pasa si no hacemos nada

Llegados a este punto te invito a que sigas leyendo y pases a la acción. Podrías cerrar ahora mismo este libro y seguir trabajando tu marca como siempre. O puedes continuar leyendo y asumir la responsabilidad y el reto de dejar un mundo mejor que el que te encontraste. Tu marca es el vehículo para este gran propósito.

Nota: Si eres CEO, o parte del equipo directivo y te interesa participar en nuestros desayunos en España (Valencia y Madrid), México (Ciudad de México) o República Dominicana (Santo Domingo) escríbenos a tqh@nexiabranding.com

TENEMOS QUE HABLAR DE
CONSTRUIR MARCA Y TENER PROPÓSITO

«La marca es a la empresa
lo que el alma es a las personas».

MARTA IRANZO BAÑULS
DECLARACIONES A VALENCIA PLAZA EN 2019.

Ya en 2019 hacía referencia en diferentes entrevistas en medios de comunicación a la relación entre marca y las personas, ¿te imaginas cómo sonaba entonces?

La marca es aquello que nos hace únicos, que es inimitable.

Igual que el alma a las personas. Dos personas pueden vestirse igual, imitar su lenguaje y gestos, pero nunca serán iguales porque el alma es inimitable.

Las ventajas competitivas del siglo pasado eran mucho más duraderas y estables y se basaban fundamentalmente en el producto o servicio y en su capacidad de distribución, pero conforme ha llegado la tecnología y la globalización los tiempos se han minimizado.

En un mundo donde los datos, la información y la competitividad a menudo es cuestión de dinero, la esencia y nuestra razón de ser es lo verdaderamente diferencial.

Hoy pueden copiar características de tus productos o incluso el producto completo en tiempo récord. Podemos imitar la oferta de servicios, la web, incluso el estilo gráfico. Podemos pedirle a la IA (inteligencia artificial) que nos genere un porfolio de servicios y nos elabore una web para un determinado sector, podemos pedir que nos cree automáticamente un logotipo acorde a las tendencias gráficas según nuestro sector... Pero nada de esto es marca.

La marca es la tangibilización de nuestro para qué.

La marca es nuestra forma de entender el mundo, nuestro papel en la historia, nuestro compromiso y eso no se puede copiar.

La marca y, sobre todo, lo que esta representa, insisto, es inimitable.

Las innovaciones conseguidas por algunas empresas han sido grandes ventajas competitivas, pero la cultura basada en la innovación es una ventaja competitiva eterna.

Nadie discutiría que Apple es una marca innovadora, por la cantidad de creaciones aportadas y su trascendencia, pero la marca Apple es mucho más que eso.

Apple llegó para cambiar el statu quo, para pensar de forma diferente, para cambiar para siempre nuestra relación con la tecnología. Esa es su alma. Y la innovación fue y es una herramienta para conseguirlo, pero podría ser otra en el futuro.

Cuando conectas con esa razón de ser, la marca queda unida a ti. No sus productos, sino su marca. Y por eso dan igual las imitaciones o incluso que haya productos mejores en el mercado, la conexión emocional entre la persona y la marca está por encima. Al igual que nos enamoramos de personas, también podemos enamorarnos de las marcas y de lo que representan. Pero ¡ojo!, también podemos desenamorarnos. Porque cuidar a las personas es imprescindible para una relación duradera.

El valor de las marcas no es solo de posicionamiento, se traduce en términos económicos. Volvemos a los resultados para afianzar, para los que todavía tengan dudas, el valor de la marca.

Desde el punto de vista más transaccional, un posicionamiento sólido y positivo puede tener varias implicaciones económicas:

1.   Valor de marca y precios: Si tienes una gran marca, probablemente tendrás mayor capacidad para cobrar precios prémium por tus productos o servicios. Los consumidores están dispuestos a pagar más por marcas que perciben como valiosas, confiables o innovadoras.

2.   Lealtad del cliente: Si tienes marca tendrás una base de clientes más leales y comprometidos. Y sabes lo que significa: una mayor retención de clientes, ventas repetidas y una relación a largo plazo.

3.   Participación en el mercado: Si tu marca es fuerte puedes ganar una mayor participación en el mercado. Los consumidores están más inclinados a elegir una marca que sienten que se alinea mejor con sus valores y necesidades.

4.   Diferenciación competitiva: Como hemos comentado, esta es la mejor diferenciación competitiva que puedes tener.

5.   Ingresos por licencias y franquicias: Las marcas bien posicionadas a menudo pueden generar ingresos adicionales a través de acuerdos de licencias y franquicias. Otras empresas pueden estar dispuestas a pagar por el uso de la marca en sus propios productos o establecimientos.

6.   Inversiones y valoración: Las empresas con marcas fuertes pueden atraer inversiones y tener una mayor valoración en los mercados

financieros. Los inversores pueden considerar que una marca fuerte es un indicador de perspectivas de crecimiento y estabilidad a largo plazo.

Misión, visión, valores; conceptos que se quedan cortos

Desde las estrategias empresariales hemos dedicado muchas horas y esfuerzos en definir nuestra misión, visión y valores. ¿Quién no ha tenido reuniones maratonianas, a veces absurdas, para creer haber encontrado esa misión-visión-valores?

Al final, sonaban todas igual. Tienen el foco en qué es lo que quiere conseguir la empresa en un espacio de tiempo determinado. Y claro, ¡todas desean lo mismo! Ser número uno en el sector, convertirse en referencia en su sector, etc.

El significado de lo que hoy es una marca ha venido de la mano de este cambio.

Ya no hablamos tanto de misión-visión, sino de propósito. A lo largo de la vida de una empresa, esta misión-visión va a cambiar, va a evolucionar (y si no, no hay más que mirar atrás en estos últimos tres años).

El propósito habla de algo superior. Habla del rol que las empresas tienen en la sociedad. Y ese propósito es el que conecta con las personas.

En este escenario, crear marca no es una opción, pero, he de reconocer que, en general, no lo estamos haciendo bien.

Sigo viendo muchas empresas cometiendo el mismo error, una y otra vez. Estamos realizando construcciones de marca endebles y frágiles porque las construimos sobre un solo pilar: el pilar de la imagen pública y de la importancia que queremos proyectar a nuestros clientes.

Con un solo pilar la construcción no es consistente. ¿Se caería esa construcción en breve? Quizás no de manera inmediata (a no ser que nos tropecemos con una crisis de esas de las que últimamente vamos servidos), pero es cuestión de tiempo.

Necesitamos trabajar la construcción con un segundo pilar. Y ese segundo pilar tiene nombres y apellidos: nuestros equipos. Y sí, seguramente, tú también te has olvidado de ellos (Aquí te invito a que hagas un ejercicio real de autocrítica).

Te apremio a empezar mañana mismo cuando llegues a tu empresa. Mira a tu alrededor. ¿Están tus equipos de verdad alineados con el propósito de la marca? ¿Lo conocen y se respira a través de la cultura?

Sin esas personas, no hay segundo pilar. Si no hay segundo pilar, tu marca se desmorona.

Si quieres crear una marca sólida y duradera, cuenta con ellos, si no, sigue como siempre.

Como decía al principio, crear marca no es una opción. Lo único que está en nuestras manos es decidir si queremos hacerlo de forma consciente y estratégica o no.

En estos días, en que todo ocurre rápido y donde más de cuatro segundos es demasiada espera, ponemos demasiado foco en el cómo conseguir las cosas rápido, pero poco en el para qué y en por qué hacemos las cosas.

Diariamente, tenemos miles de impactos de marcas, hay mucho ruido, y solo vamos a encajar con aquellas marcas con las que nuestras creencias hacen un match perfecto.

Porque cuando hablamos de marca, insisto, hablamos de lo que representamos, pero, sobre todo, de lo que nos mueve.

Las marcas que se vean y actúen como personas, las que hablen de tú a tú con su comunidad y transmitan desde la empatía son las que lograrán esa conexión. Y sí, adivina, ¿quién tiene el poder de que eso ocurra?: tus personas.

«La gente olvidará lo que dijiste,
olvidará lo que hiciste,
pero nunca olvidará cómo la hiciste sentir».

Maya Angelou.

Todas las marcas tienen un propósito, pero no todos los propósitos son inspiradores.

No se trata de «inventarse» un propósito inspirador. Se trata de tenerlo. He conocido marcas que han tenido propósitos poco o nada inspiradores. Que no buscaban mejorar el mundo, que su centro no eran las personas. De donde no hay no se puede sacar. Puedes crear una gran campaña para comunicar un propósito inspirador inventado, pero su recorrido es corto y sin futuro.

Este libro no va para ellos.

TENEMOS QUE HABLAR DE
DESPLEGAR UNA GRAN CULTURA

«Y tener un propósito no es suficiente. Lo que marca la diferencia es vivirlo, sentirlo y tenerlo activo, vivo, latiendo en cada empleado, cada cliente, cada acción».

ANDY STALMAN, TOTEM

En muchas ocasiones me he encontrado que el mayor freno a los cambios y a los avances es la cultura organizacional. Y en muchos otros se asume que la cultura es difícil de cambiar; se acepta y punto.

Conclusión: inmovilismo.

Hoy no nos lo podemos permitir. Hace unos años, en un mundo que avanzaba a una velocidad menor, la sensación de que ya vendrán otros detrás que asuman esos cambios era asumible. Hoy, con la aceleración con la que se mueve el mundo, esta posición inmovilista y pasiva no es alternativa.

La pandemia de la COVID-19 nos puso frente al espejo de lo que éramos capaces de hacer. Tuvimos la necesidad de cambiar, de mirar el mundo con otros ojos, de hacer cosas diferentes, de alterar procesos, de modificar incluso productos y servicios, sentimos la necesidad de, en la lejanía, estar conectados, de ser útiles; por todo ello, en aquel momento, nos vimos en la obligación de reestructurar nuestros equipos, implementar el teletrabajo y digitalizarnos en tiempo récord.

Durante las dos semanas entre el 14 y 30 de marzo de 2020, el mundo entero experimentó una mayor transformación digital que la vista en los diez años anteriores.

Eso nos demuestra lo que somos capaces de hacer, y es una pena constatar que esa inercia hacia la transformación que surgió de la amenaza del virus ha quedado en el olvido.

En muchos casos hemos vuelto a ser elefantes poco ágiles que nos cuesta mover. Muchos CEO me han trasladado la necesidad de un cambio de cultura y a continuación comienzan los «es que»:

«Es que eso lleva su tiempo».
«Es que es un proceso lento».
«Es que hay que ir poco a poco»…

Nos hemos vuelto a acomodar, en un momento en el que el futuro, si es algo, es incierto y nos obliga a ser ágiles, porque la próxima amenaza para tu marca puede ser un virus, tus competidores o tú mismo con tu falta de propósito.

No podemos volver a la rigidez, a la superestructura y a la burocracia en nuestras empresas, porque lo que viene es un cambio de era, del mundo tal y como lo conocemos y las marcas ya deberían estar preparadas para ello.

La inteligencia artificial, una nueva manera de darle forma al mundo

Uno de los actores principales de estos cambios va a ser la inteligencia artificial. A medida que la tecnología avanza y se integra más en las operaciones comerciales, surge la necesidad de reflexionar sobre cómo la IA influirá en la cultura de las organizaciones.

Así que le pregunté directamente a ChatGPT: ¿Cómo crees que vas a influir en los cambios de cultura organizacional?

Y esta fue su repuesta:

> *Como una inteligencia artificial de procesamiento de lenguaje natural, mi influencia en la cultura organizacional de las empresas dependerá en gran medida de cómo las organizaciones decidan utilizar y aprovechar mi tecnología. Aquí hay algunas formas en las que podría afectar la cultura organizacional:*
>
> *1.   Eficiencia en la Comunicación: Podría ayudar a mejorar la comunicación interna y externa de la organización al proporcionar respuestas rápidas y precisas a preguntas comunes y consultas. Esto podría fomentar una cultura de eficiencia y agilidad en la toma de decisiones.*
>
> *2.   Fomento de la Innovación: Al proporcionar acceso a información actualizada y conocimientos diversos, podría fomentar la innovación al inspirar nuevas ideas y enfoques. Esto podría promover una cultura de creatividad y exploración.*
>
> *3.   Aprendizaje Continuo: Si se utiliza para brindar capacitación y desarrollo, podría contribuir a una cultura de aprendizaje continuo, donde los empleados busquen mejorar sus habilidades y conocimientos constantemente.*
>
> *4.   Inclusión y Diversidad: Al comprender y abordar una amplia variedad de idiomas y perspectivas culturales, podría ayudar a crear una cultura que valora la inclusión y la*

diversidad en la organización.

5.   Gestión del Cambio: En momentos de cambio organizacional, podría ayudar a proporcionar información y aclarar dudas, contribuyendo a una cultura de transparencia y manejo efectivo del cambio.

6.   Resolución de Problemas: Al proporcionar soluciones y sugerencias, podría influir en la cultura de resolución de problemas, fomentando la colaboración y la toma de decisiones basada en datos.

7.   Énfasis en la Colaboración: Si se utiliza para facilitar la colaboración y la coordinación entre equipos y departamentos, podría contribuir a una cultura de trabajo en equipo y cooperación.

Sin embargo, es importante señalar que mi impacto en la cultura organizacional dependerá de cómo las organizaciones utilicen mi tecnología y cómo se integre en sus operaciones. Las empresas deben ser conscientes de cómo la implementación de la tecnología puede afectar a su cultura y deben planificar y gestionar este impacto de manera estratégica para asegurarse de que sea coherente con sus valores y objetivos organizacionales.

¿Está tu empresa trabajando este cambio cultural?

El cambio en las tareas y roles van a requerir una cultura que promueva la adaptabilidad y la adquisición de nuevas habilidades.

Estamos frente a una nueva forma de colaboración y de cocreación que va a requerir una cultura que fomente la comunicación efectiva entre humanos y máquinas.

Si la IA son datos y estos van a guiar nuestras decisiones, quizás tu organización vaya a requerir una cultura donde esté integrado el dato. Hoy, hay empresas que ya están trabajando en desarrollar esta cultura, donde el dato sea respetado, conocido, interpretado y valorado.

Esta velocidad a la que nos movemos necesita de un cambio en la cultura de aprendizaje. Nuevas habilidades van a ser necesarias. La IA podría impulsar la necesidad de aprendizaje continuo y actualización de habilidades tecnológicas y sociales. Las soft skills toman más fuerza que nunca. Las organizaciones podrían necesitar una cultura que fomente la capacitación constante y la adaptación a las nuevas tecnologías.

La implementación de IA plantea preguntas éticas y de responsabilidad. Las organizaciones van a necesitar una cultura que promueva la discusión abierta sobre cuestiones éticas y la toma de decisiones moralmente informadas.

Tendremos que buscar también el equilibrio entre humanos y máquinas; la cultura organizacional podría necesitar equilibrar la eficiencia de la IA con la importancia de la empatía, la creatividad y la intuición humana.

Estas reflexiones son solo el comienzo de cómo la IA podría influir en las culturas organizacionales. A medida que la tecnología continúa evolucionando, es fundamental que las organizaciones reflexionen sobre cómo la IA afectará su cultura y adapten sus valores, normas y prácticas.

En general, la integración exitosa de la IA podría requerir un cambio cultural para fomentar la aceptación y la colaboración con la tecnología, en lugar de verla como una amenaza.

¿Qué hacemos con la emoción?

Y en este contexto del dato, ¿en qué lugar quedan la intuición y la emoción en la cultura organizacional?

Es un tema complejo que irá evolucionando, pero, en mi opinión, debemos verlo como un complemento y no como una contraposición.

La intuición, junto con la emoción, se basa en la experiencia y el conocimiento acumulado, y puede ser especialmente valiosa en situaciones donde los datos son limitados o inciertos, por ejemplo, cuando se necesite de comprensión y contexto.

Vamos a automatizar, con toda probabilidad, las decisiones más operativas y del corto plazo, pero habrá decisiones estratégicas. La intuición y la emoción pueden impulsar la creatividad y el pensamiento innovador, sobre todo cuando se trata de explorar nuevas ideas y enfoques. A veces, la intuición puede señalar oportunidades que los datos por sí solos no son capaces de manifestar.

El 2 después del 1

En cualquiera de los escenarios en los que te encuentres y sea cual sea la cultura actual de tu marca, lo más importante es que seas consciente del impacto que la cultura tiene en el compromiso de tus equipos.

Trabaja en una cultura empresarial que fomente valores y un propósito compartido porque eso es lo que va a impulsar el compromiso de las personas.

En una cultura donde los empleados se sientan alineados con los valores de la empresa y entiendan cómo su trabajo contribuye al logro de un objetivo más grande, es más probable que se sientan comprometidos y motivados.

Una cultura donde se promueve un liderazgo inspirador y una comunicación abierta puede fomentar un mayor compromiso. Cuando se desarrolla la cultura del agradecimiento y el reconocimiento de los logros y esfuerzos de los empleados, esta tiene un impacto positivo en el compromiso.

Entender cómo la cultura puede frenar o impulsar el compromiso y adoptar un enfoque consciente para el cambio cultural es el primer paso para que tu marca pueda crear un entorno en el que los equipos se sientan inspirados, comprometidos y motivados a dar lo mejor de sí mismos.

Estás a tiempo de empezar a evaluar la cultura actual, definir tu cultura deseada, involucrar a tus equipos, desarrollar un liderazgo acorde a la nueva cultura y capacitar a tus personas en la nueva forma de hacer las cosas.

La inteligencia artificial (IA) está brindando la mayor oportunidad de emprendimiento de la historia de la humanidad. Solo hay que mirar qué procesos tradicionales pueden ser automatizados e intentar digitalizarlos a través de la IA.

El don de la ubicuidad de la tecnología, la habilidad de acceder a ella cuando y donde se quiera y la amplia oferta de código abierto y otras herramientas hace que se haya democratizado el poder de la invención.

Nuestras marcas deben aprovechar esta situación e identificar a las personas emprendedoras dentro de sus equipos. Estaremos enfrentándonos a continuos desafíos y que nuestra marca tenga una mentalidad emprendedora será un valor fundamental.

Estamos en la era de la colaboración y la inteligencia artificial hará, todavía más notoria, esa necesidad de colaboración. Todo va tan deprisa que no tiene sentido que inventemos dos veces la rueda.

Esto deja de manifiesto, entre otras cosas, que toda esta situación de la IA tiene desafíos en cuanto a seguridad, regulación y políticas. Siempre vamos varios pasos por detrás en esta área.

Aplicaciones de large language model (LLM), como ChatGPT, son capaces de comprender y generar lenguaje humano de manera avanzada, pero no hay ningún software que pueda ejecutar un programa que compare las afirmaciones con la realidad. La verificación de la veracidad o falsedad de una afirmación debe realizarse de forma manual.

La gente tiende a confiar en los resultados de los programas de software. De hecho, esta tendencia ya tiene un nombre: «sesgo de automatización». Por lo tanto, la verificación manual que debe realizarse es una necesidad compensatoria del sesgo de automatización, de ahí, la necesidad de tener pensamiento crítico.

Por ejemplo, cuando le pides a un LLM, como ChatGPT, una explicación de por qué recomendó X, en realidad no te da una explicación de por qué recomendaba X. Su resultado se basa en la probabilidad, no en las razones. Por eso el conocimiento de estas herramientas y sus limitaciones y la necesidad de un pensamiento crítico son necesarios para que los usuarios vean razones donde solo hay probabilidad.

Otras de las situaciones que provoca la IA es la AI anxiety. Me pareció muy curioso y real este concepto. Se refiere a la ansiedad o preocupación que algunas personas experimentan debido a la creciente presencia y avance de la inteligencia artificial en diversas áreas de la vida. Esta ansiedad puede ser causada por preocupaciones sobre cómo la IA podría impactar en el empleo, la privacidad, la seguridad, la toma de decisiones humanas y otros aspectos de la sociedad. El mundo va a ir a otra velocidad desconocida hasta ahora y debemos estar preparados para ello.

Vivimos en un momento muy importante de la historia de la humanidad con enormes cambios económicos y sociales.

En la era de la IA encontramos grandes desafíos que no serán solo tecnológicos como estamos apuntando.

Estamos percibiendo, y seguiremos haciéndolo, una gran transformación en nuestras marcas, tanto a nivel tecnológico como social. Esta situación hace que las marcas deban reinventarse y ser conscientes del impacto y alcance su propósito.

Reflexión final

Este capítulo podría haber trasladado las diferentes teorías y modelos sobre los cambios culturales en las organizaciones y haber hablado de Edgar H. Schein y su libro Organizational Culture and Leadership. Pero seguro que lo conoces. Así que parte de este capítulo es el resultado de la unión de la tecnología y mi intuición, mi experiencia y mi emoción. Tras una charla con ChatGPT, más que interesante, de dos horas, hemos creado juntas este capítulo.

Por un mundo más tecnológico y más humano.

TENEMOS QUE HABLAR DE
SABER COMUNICAR Y SABER ESCUCHAR

«Valor es lo que se necesita para levantarse y hablar, pero también es lo que se requiere para sentarse y escuchar».

WINSTON CHURCHILL

Las marcas que se vean, se relacionen y actúen como personas, las que hablen de tú a tú con su comunidad, las que se comuniquen desde la empatía son las que lograrán la conexión. Me reitero en esa idea y ahora os cuento cómo la llevo a la práctica en mi día a día.

A lo largo de mis 20 años de carrera me he encontrado en situaciones de crisis reputacionales y, en muchas ocasiones, han surgido dudas sobre cómo enfrentarnos a algunos obstáculos de comunicación.

Mi reflexión siempre ha sido: ¿En esta situación, qué haría una persona con estos valores? Y la respuesta ha guiado mi acción. Hasta la fecha, y ya han pasado muchos años y he gestionado alguna crisis reputacional grave, no me he arrepentido, ni una sola vez, de esa decisión.

Por supuesto que el qué decimos es importante, pero hoy todavía, también, o más, el cómo lo decimos.

En uno de mis cursos sobre habilidades de comunicación, comenzaba de la siguiente manera: «No os voy a contar nada que no podáis encontrar en internet y que no sea capaz de organizar ChatGPT».

Toda la información, contenidos y datos están a golpe de clic. Y, sin embargo, seguimos prefiriendo acudir a escuchar a speakers, ponentes en congresos, formaciones presenciales, etc.

Y la importancia del «cómo» viene de nuestra necesidad de inspirar y ser inspirados. Cada uno de nosotros podemos inspirar la acción, el impulso, el movimiento y la ilusión en otras personas.

Dentro y fuera de nuestros equipos tenemos que ser conscientes de la importancia de la comunicación. Pero, además, debemos ser conscientes de la responsabilidad que ello conlleva.

Todos tenemos profesores que, en nuestra infancia, nos llevaron a amar o a odiar la literatura o las matemáticas. Y quizás marcaron nuestro futuro. Pues, en mayor o menor medida, nuestra comunicación influye en los demás y si lideramos equipos debemos ser muy conscientes de ello.

Yo siento esa responsabilidad cuando subo a un escenario, cuando imparto un curso o cuando entro en una reunión.

Y esa inspiración cae en cascada. Desde el CEO hasta el equipo directivo, del equipo directivo a cada persona de la empresa y desde cada una de ellas hasta tus clientes.

¿Por qué la forma en que tus equipos se relacionan con tus clientes es la forma en que tu marca se relaciona con ellos? Porque son tus personas las que crean la realidad de tu marca. Da igual lo que las campañas de marketing y comunicación digan. La experiencia de tu marca recae, en muchos casos, en la relación de tus equipos con los clientes. Piensa en un supermercado o en un hotel, pero también en un taller de automóviles o incluso en el servicio posventa de una tienda online. Cada contacto, o ausencia de contacto, cuenta.

En un mundo donde el conocimiento está a golpe de clic, es la emoción la que va a ser nuestra búsqueda de El Dorado.

No se trata de hablar, se trata de inspirar a través de la emoción.

Si hay un modelo de comunicación que a mí me inspira y que cambió por completo mi forma de comunicarme es el Círculo de Oro de Simon Sinek. No dejéis de ver su charla TED en YouTube.

Sinek nos habla de la estructura en la forma de comunicar de las personas que lideran e inspiran. Esta estructura es radicalmente opuesta a cómo nos comunicamos, en general, los demás.

La reflexión de Simon Sinek es la siguiente:

Cada persona, cada organización del mundo sabe lo que hace, el QUÉ, en un 100 %.

Algunas saben el CÓMO lo hacen, lo podemos llamar propuesta de valor, propuesta única de venta.

Pero muy poca gente sabe el PARA QUÉ hacen lo que hacen. Y cuando digo «PARA QUÉ» no me refiero a «ganar dinero». Eso es un resultado.

¿Cuál es el propósito? ¿Cuál es la causa? ¿Cuál es la creencia? ¿Por qué existe tu marca? ¿Y por qué debería importarle a alguien?

Como resultado, nuestra manera de pensar y actuar, nuestra manera de comunicarnos es desde fuera hacia dentro. Vamos de lo más definido a lo más difuso.

Por ejemplo, a la hora de organizar tareas en los equipos decimos «qué» tienen que hacer y a continuación el «cómo». Pocas veces hablamos de propósito, del «para qué».

Y así es cómo la mayoría de nosotros se comunica. Así es la comunicación interpersonal para casi todos.

Decimos lo que hacemos, decimos cuán diferentes o mejores somos y esperamos un determinado comportamiento.

Pero es poco inspirador.

En otras palabras, cuando nos comunicamos de afuera hacia adentro, la gente puede entender gran cantidad de información complicada, como características, beneficios, hechos y cifras. Pero eso no guía el comportamiento.

Si queremos inspirar el comportamiento debemos cambiar la forma en que nos comunicamos. Los líderes que inspiran y las organizaciones inspiradoras piensan, actúan y se comunican desde adentro hacia afuera.

En una ocasión, un jefe de ciberseguridad de una multinacional se puso en contacto conmigo para crear una acción de comunicación con el objetivo de dar a conocer a toda la organización la importancia del doble factor de autentificación. Llevaba semanas intentando sin éxito que todas las personas de la organización realizaran el sencillo trámite, incluso bajo la amenaza de no poder acceder a determinadas herramientas de trabajo diario. Una vez más, este directivo pensaba que la creación de un email «bonito» creado por marketing era la solución a sus problemas.

Orienté la conversación para conocer el propósito: «Vamos a cambiar por completo la forma en que se trabaja en nuestro sector, seremos la empresa más tecnológica que dé el mejor servicio a nuestros clientes, y solamente les pido que por su parte hagan esta tarea, ¿tanto les cuesta?».

Eso era lo que teníamos que comunicar.

El problema era que la gente no entendía el para qué debía hacerlo. Estaban muy ocupados en su día a día y además el activar el doble factor de autentificación les hacía un poco más complicado el acceso. Íbamos a transformar nuestro sector a través de la tecnología, ese era el verdadero «PARA QUÉ».

EL CÍRCULO DE ORO

Simon Sinek

COMIENZA POR EL PARA QUÉ

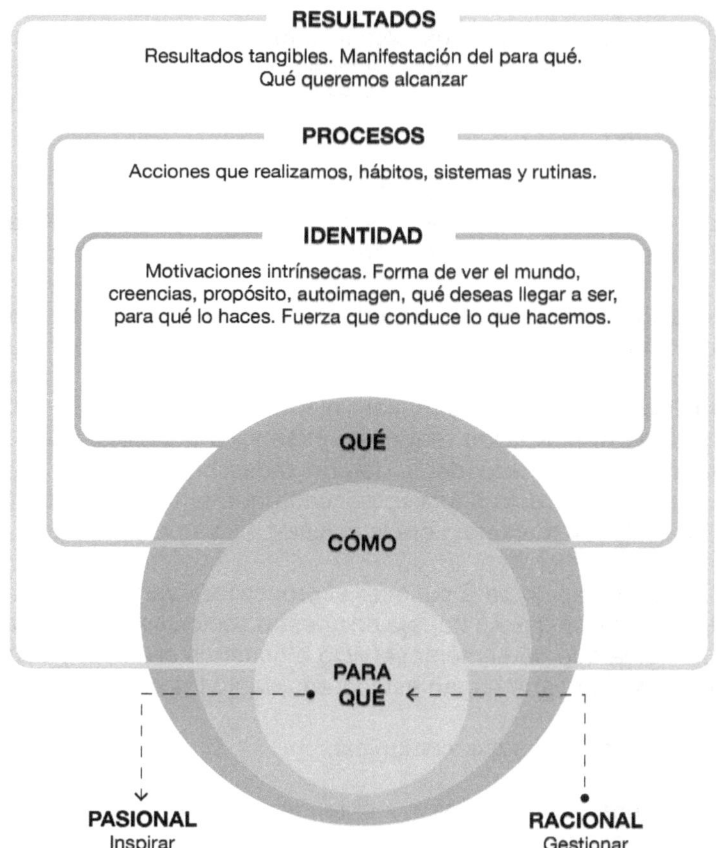

A las personas de tu equipo les mueve el propósito, no las tareas.

Los seres humanos nos creemos muy lógicos a la hora de tomar decisiones, pero estudios y la propia biología nos hablan del peso de la parte más emocional de nuestro cerebro.

Os invito a explorar las emociones y la nueva forma de relacionarse entre las marcas y las personas.

La comunicación no es magia. La comunicación no crea el propósito, está al servicio del propósito.

Muchos CEO creen que el propósito y la cultura de la marca se transmiten con eventos, palabras o PowerPoints inspiradores.

El propósito y la cultura se construyen con comportamientos.

En un mundo que dicen tiende a la deshumanización de todo, las marcas más humanas son las que conectan no únicamente con sus clientes sino también con sus equipos, y en esa relación, la comunicación es el vehículo perfecto. Pero es eso, un vehículo útil e imprescindible.

No hay problema en una empresa o reunión comprometida donde no se escuche la frase «ha sido un problema de comunicación». Pero la comunicación no hace magia, ni hace que los problemas desaparezcan. La comunicación es una herramienta en manos de un propósito superior.

Unas semanas atrás, me contactaron ante la necesidad de trasladar correctamente a los equipos un proyecto interno que no acababa de funcionar. «Marta tienes que ayudarnos…». Tras la primera hora de reunión hice un alto. No hay un problema de comunicación, hay un problema de falta de estrategia y de foco. Hay un problema de proyecto y eso no lo soluciona la comunicación. Como ves, son situaciones recurrentes que, seguro, te son familiares.

Como directivos tenemos que ser conscientes de nuestro propósito para después trabajar la comunicación.

Cambiar el foco de la transacción a la relación no es una opción. Ahora bien, siempre y cuando tu apuesta sea por la sostenibilidad, la consistencia y el futuro. En un mundo en el que todo va muy rápido, que nos lleva al cortoplacismo y a la inmediatez, cada vez se va a valorar más la apuesta por el futuro y por las relaciones.

EL CÍRCULO DE ORO Y NUESTRO CEREBRO

Simon Sinek

COMIENZA POR EL PARA QUÉ

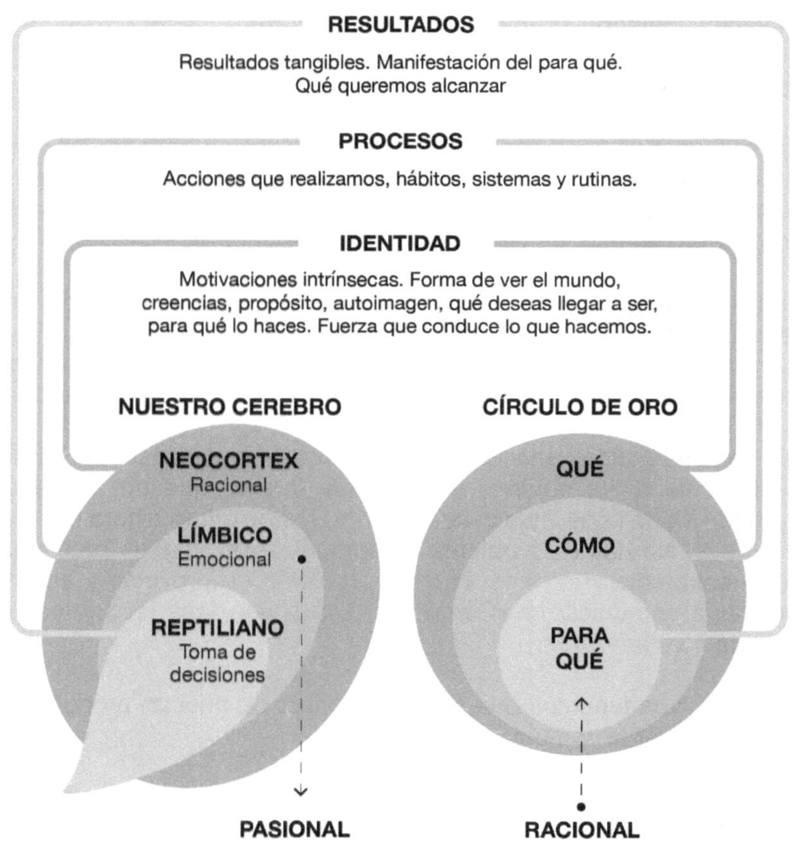

Porque, si bien, los resultados de este cambio de paradigma se ven desde el primer minuto, su potencia aumenta conforme pasa el tiempo.

Tradicionalmente, buscábamos la transacción con nuestros clientes y luego trabajábamos la relación a través de planes de fidelización y otros. Y no es que ahora no busquemos la transacción, ¡es imprescindible!, sino que el orden ha cambiado. Primero relación y luego transacción.

Este cambio no solo afecta a la relación con nuestros clientes sino también con nuestros equipos.

Igual que hoy un buen producto o servicio ya no es suficiente, es lo mínimo esperable. Los salarios para nuestros equipos tampoco son suficiente.

Es vital cuidar las relaciones, ya que nuestra marca está en sus manos. Las personas que forman tus equipos son el verdadero valor de tu empresa, la que la hace única y diferente.

La manera que conozco de conectar entre personas es la emoción. En un mundo donde cada vez se aprecia más la transparencia, pero donde se convive con el postureo, la emoción es lo más auténtico y genuino. Conectemos con las emociones, porque las emociones son verdad, no mienten.

¡Ahora bien, trabajemos para crear emociones positivas, las negativas también existen y su impacto es demoledor! Y lo peor es que tendremos muy pocas oportunidades de enmendar una emoción negativa.

La comunicación, repito, es el vehículo perfecto.

Escuchar es de valientes

Escuchar es de valientes, porque cuando escuchamos a nuestros equipos abrimos la posibilidad de que no nos guste lo que vamos a oír. Nos incomoda, nos agita, pero solo desde esa incomodidad podremos crecer y mejorar.

La mayoría de las marcas prefieren mirar a otro lado y no escuchar a sus equipos y seguir creyendo que el equipo lleva la marca en el corazón y siente un orgullo casi infinito por ella.

He estado en muchas conversaciones con equipos directivos y después he escuchado a las personas a su cargo, y hay una diferencia notable entre lo que sienten los trabajadores y lo que los equipos directivos creen que sienten. Y la diferencia entre la verdad y la suposición es la escucha.

Como CEO necesitas un compromiso real con tus personas y una gran madurez para abrir la puerta a la crítica. Y sí, es cierto, la crítica no siempre es constructiva, pero debemos encontrar en la crítica constructiva la oportunidad de mejorar e identificar la crítica tóxica y aislarla.

Alguno de los criterios que te hacen identificar cada una de estas críticas pueden ser los siguientes:

Crítica tóxica:

1. Negatividad excesiva: La crítica tóxica tiende a ser abrumadoramente negativa, sin ofrecer soluciones o sugerencias constructivas.

2. Falta de respeto: Las críticas tóxicas a menudo se expresan de manera irrespetuosa, con un tono condescendiente o insultante.

3. Enfoque en la persona: Este tipo de crítica ataca a la persona en lugar de enfocarse en acciones, comportamientos o resultados específicos.

4. Emociones intensas: La crítica tóxica suele estar cargada de emociones negativas, como ira, envidia o frustración, y puede ser impulsiva.

5. No es acción orientada: No proporciona consejos o recomendaciones claras sobre cómo mejorar o abordar el problema.

6. Difamación o rumores: Puede contener afirmaciones falsas o exageradas destinadas a dañar la reputación de alguien.

Crítica constructiva:

1. Enfoque en el comportamiento: La crítica constructiva se centra en acciones, comportamientos o resultados específicos, no en la persona en sí.

2. Tonos respetuosos: Se expresa de manera respetuosa y considerada, reconociendo los puntos fuertes mientras señala áreas de mejora.

3. Ofrece soluciones: La crítica constructiva no solo señala problemas, sino

que también sugiere soluciones o enfoques alternativos.

4. Objetividad: Está basada en la evidencia y hechos concretos, evitando exageraciones o distorsiones.

5. Orientada al crecimiento: El propósito de la crítica constructiva es ayudar a la persona a crecer, mejorar y aprender de las experiencias.

6. No está cargada emocionalmente: Aunque puede ser sincera, la crítica constructiva se presenta de manera calmada y profesional.

7. Especificidad: Proporciona ejemplos específicos para ilustrar los puntos que se están discutiendo.

8. Invita al diálogo: La crítica constructiva está abierta a la discusión y al intercambio de ideas.

9. Se focaliza en resultados: La crítica constructiva se centra en lograr resultados positivos y mejoras tangibles.

Una vez identificadas, concéntrate en la crítica constructiva para mejorar.

¿Empezamos por una encuesta de clima?

Si no haces encuesta de clima en tu empresa, te invito a que la hagas lo antes posible, en el caso de que ya la hagas, te diría que es un gran paso, pero no es suficiente.

Normalmente, solemos comparar la evolución de nuestros resultados año tras año, pero, lo dicho, no es suficiente. Si bien es necesario y muy útil hacer comparativas con los resultados de años anteriores, te recomiendo que hagas una comparativa con el exterior. Puedes inspirarte en informes como los que publica Randstad para determinar qué variables son las mejor valoradas por los empleados en general. De esa manera, podrás identificar el peso específico de tus variables, dejando de mirarte el ombligo y levantando la cabeza para conocer qué es lo que está pasando fuera.

Si observas que lo que mejor valorado está en tu empresa es lo que menos importa a los empleados y lo que más les importa es lo peor valorado, tenemos un problema. Pero solo seremos capaces de detectarlo si estamos dispuestos a salir de nuestra zona de confort para no focalizar únicamente en lo que nos conviene.

Y esta diferencia está avalada por datos como los que nos aporta el Randstad Employer Brand Research de México 2023, que deja manifiesto que comprender la diferencia entre lo que quieren los empleados y lo que creen que ofrecen los empleadores proporciona información valiosa para crear una marca empleadora con éxito. Además, la evaluación comparativa con lo que los empleados perciben que les ofrece su empresa actual da más contexto de los retos que enfrentan las empresas.

Según este informe, las variables mejor valoradas en el perfil de la marca empleadora ideal serían:

1. Salario y prestaciones atractivas.
2. Progresión profesional.
3. Ambiente de trabajo agradable.

Sin embargo, estas variables están en las posiciones 9, 8 y 4, respectivamente, en la marca empleadora actual.

Y, al revés, las variables mejor valoradas en la marca empleadora actual son:

1.   Buena ubicación.
2.   Buena salud financiera.
3.   Buena reputación.

Que ocupan los puestos 7, 8 y 10 en la marca empleadora ideal.

Más claro no puede estar.

En España la situación es similar. Mientras que la empresa ideal para los trabajadores debería ofrecerles: salario y beneficios atractivos, conciliación profesional y personal y ambiente de trabajo agradable; les ofrece: muy buena reputación, salud financiera y seguridad laboral.

Primer paso, realizar encuesta de clima.

Segundo paso, interpretarla más allá de los muros de tu empresa.

Tercero, y más importante, pasar a la acción.

Es más, si no vas a adoptar medidas, no hagas encuesta de clima, solo conseguirás frustrar y desilusionar a tus equipos.

Una encuesta de clima no es suficiente

¿Hablarías una vez al año con un amigo o con tu pareja para analizar cómo se siente? ¿O tendrías una actitud de escucha activa constante? Como ya comenté en el capítulo anterior vive tu marca como si de una persona se tratara y de repente verás claro qué es lo que debes hacer.

La encuesta de clima se realiza en un momento concreto, por lo que sus resultados, aunque muy interesantes, pueden no ser suficientes.

Te invito a que pongas en práctica algunas de estas herramientas:

1. Focos grupales temáticos que busquen resultados más cualitativos y menos cuantitativos. Organiza focus group con pequeños grupos de empleados para discutir temas específicos, como cultura organizacional, comunicación interna o desarrollo profesional.

2. Buzones de sugerencias:

–Implementa un sistema de buzones de sugerencias físicos o virtuales donde los empleados puedan enviar ideas de mejora de manera anónima si lo desean.

–Asegúrate de revisar y responder a las sugerencias de manera regular.

3. Sesiones de retroalimentación uno a uno:

–Fomenta reuniones periódicas entre los empleados y sus supervisores para discutir sus desafíos, logros y metas.

–Estas reuniones deben ser un espacio seguro para que los empleados expresen sus opiniones y reciban orientación.

4. Encuestas puntuales para proyectos o cambios:

–Antes de implementar cambios importantes en la empresa, realiza encuestas para medir la opinión de los empleados y entender sus preocupaciones.

–Utiliza esta retroalimentación para tomar decisiones informadas y mitigar posibles resistencias.

5. Programa de mentoría interna:

–Crea un programa donde los empleados de niveles superiores sean mentores de empleados más jóvenes, fomentando un intercambio de ideas y perspectivas.

6. Eventos de escucha activa:

–Organiza eventos periódicos, como mesas redondas o cafés con los directivos, donde los empleados puedan interactuar y compartir sus puntos de vista directamente.
Pero, para mí, una de las herramientas más potentes de la escucha activa serían las Plataformas de Comunicación Interna.

Hace años hablábamos de una comunicación unidireccional de arriba a abajo. No existía la escucha. Después pasamos a la comunicación bidireccional y aquí es cuando entra la escucha. Normalmente, a través de herramientas formales. Hoy nuestras personas quieren una comunicación multidireccional y sin limitaciones. Quiero poder comunicarme con cualquier persona de la empresa sin restricciones y poner en mano de los equipos las nuevas aplicaciones de comunicación interna es una herramienta fundamental.

Algunas de las empresas que acudieron a nuestros desayunos #TenemosQueHablar, se mostraban reticentes a abrir la puerta a una comunicación de este tipo. Otras que ya estaban en esa fase argumentaban con mucho criterio que las personas hablan, son las dueñas de la comunicación y tú puedes decidir si escuchas o no. No tener una plataforma de comunicación interna no limita la conversación, sino tu escucha.

También me he encontrado situaciones que yo tildaría de graciosas, por no decir otra cosa, donde una empresa me proponía que en la plataforma de comunicación interna que estábamos implementando solo hubiera posibilidad de reaccionar de manera positiva. Por supuesto, les quité esa idea de la cabeza.

Para mí, el objetivo de una aplicación de comunicación interna es que las personas de tus equipos sean los verdaderos creadores de contenido, quedando los contenidos corporativos en un segundo plano. Y de esa manera observar qué les interesa, qué les motiva y qué les mueve.

TENEMOS QUE HABLAR DE
ATRAER TALENTO

«A la hora de buscar personas para contratar, céntrate en tres cualidades: integridad, inteligencia y energía. Y si no tienen la primera, las otras dos pueden arruinarte».

WARREN BUFFETT
PRESIDENTE DE BERKSHIRE HATHAWAY

En 2014, Rainer Strack, experto de Boston Consulting Group's Human Resources, en su charla TED ya nos adelantó la crisis de talento que se avecinaba para 2030.

Afirmaba en su charla TED que en apenas diez años (o sea, 2024, o sea, mañana) no habrá suficiente fuerza laboral para la demanda que se espera. La diferencia entre la alta cualificación y la baja será más notable, la tecnología y la automatización cambiarán los puestos de trabajo de forma sorprendente. Aseguraba que el 70 % de los jóvenes de entre 21 y 30 años estarían dispuestos a moverse de país por un cambio laboral, por esa razón, la crisis del talento es mundial. Los mejores países para vivir, las mejores empresas para trabajar concentrarán el talento. Los países preferidos serían: EE. UU., Reino Unido, Canadá, Alemania, Suiza, Francia y Australia. Por lo tanto, estos movimientos también generarán más desigualdad. Solo la migración, la mayor inclusión de la mujer al mundo laboral, alargar la jubilación y otras medidas podrán mitigar esa falta de fuerza laboral.

¿Están nuestras marcas preparadas para esta competencia?

Existe una necesidad de ver el «mercado del talento» (¡qué poco me gusta esta expresión!) más allá de las paredes de nuestras empresas, nuestras ciudades e incluso nuestros continentes. Porque el talento tiene esa visión global mucho más desarrollada que las marcas.

Ampliaremos más este concepto al hablar de nuestras oficinas, nuestras ciudades y el mundo.

A punto de comenzar 2024 parece que no hemos tomado nota de estas predicciones.

¿Por qué nos tenemos que ver en situaciones límite para actuar?

El mundo evoluciona a una velocidad de vértigo y las marcas, aunque no todas, siguen moviéndose al ritmo del siglo XX, ofreciendo a nuestros equipos lo mismo que hace treinta años.

Algo ha cambiado en las prioridades de las personas para siempre, y lo sabes.

En nuestros desayunos son recurrentes las referencias a este cambio de paradigma desde el colapso que desató la pandemia de la COVID-19, pero todos coincidimos en que la tendencia viene de lejos.

Y no es un tema de generaciones. Me sorprende profundamente cuando escucho algunas afirmaciones como que «los jóvenes de hoy no quieren trabajar».

Como en todas las generaciones, nos encontramos con jóvenes más o menos comprometidos. Seamos un poco autocríticos, tengo 48 años y en mi generación también había personas con compromiso cero.

Lo que ha cambiado son las prioridades, la forma en que se quiere vivir, y la verdad, es que yo me siento más alineada con estas nuevas prioridades que con las de mi generación.

El talento va a poder elegir y, de hecho, elige, dónde quiere trabajar, qué propósito de marca está alineado con su propósito vital, qué proyecto le permite conciliar con todos los aspectos de su vida, personal, familiar y profesional, en cuál de ellos podrá desarrollar su carrera, con quién va a poder colaborar que le haga crecer…

Las marcas que entiendan esas necesidades y esa forma de interpretar la nueva relación entre marcas y personas serán las que tengan el mejor talento. Y el talento comprometido lleva al éxito.

Porque lo contrario al compromiso no es la neutralidad, es la renuncia

Más de 70 000 trabajadores renunciaron a su empleo en 2022, según datos del Ministerio de Inclusión, Seguridad Social y Migraciones del Gobierno de España.

Nunca se habían producido tantas dimisiones como ahora, ni siquiera en 2007, en un momento de bonanza económica y grandes proyectos.

Lo que en Estados Unidos se ha llamado la Gran Renuncia, en la que 50 millones de estadounidenses dejaron su empleo en 2021, es un fenómeno mundial.

En el estudio Global Talent Trends 2023 de Page Insights queda patente que antes de la llegada de la pandemia, en América Latina el 9 % renunció a su trabajo para irse a otra marca empleadora, pero en 2022 este porcentaje se elevó al 30 %, con una clara tendencia al alza.

Creo que como CEO hay algo que nos debe preocupar más que la Gran Renuncia. Y es la renuncia silenciosa. La protagonizan aquellos empleados que, por motivos económicos, no han podido huir de sus empresas. Cumplen con su jornada laboral y con su trabajo, sin conceder ningún extra. Esta renuncia silenciosa, o quiet quitting, tiene un alto poder destructivo en nuestras empresas.

En páginas anteriores y en las próximas de este libro se repetirá de forma recurrente que, en la nueva cultura de marca que necesitamos para el cambio de paradigma que estamos viviendo, la agilidad debe ser un valor importante y la actitud de renuncia silenciosa trabaja, precisamente, en dirección opuesta. Por lo tanto, ese perfil de renuncia silenciosa no solo no suma, sino que resta.

Y no queda solo ahí. De estas personas que están en renuncia silenciosa, hay un porcentaje nada desdeñable que además se convierte en perfiles tóxicos para la marca y el resto de colegas.

Ante esta situación, la atracción de talento comprometido es el gran reto. Y el talento, como estamos viendo, no se compromete con las tareas sino con el propósito de la marca.

El objetivo es que todas las personas estén al cien por cien comprometidas, y si no, ayúdales en su salida. Es probable que no sean malos profesionales, simplemente no están alineados con el propósito de tu marca y podrían dar mucho más en otra empresa con la que sí lo estén. Y quién sabe, quizás en otro momento de su vida sí que estén alineados. Por eso el proceso de salida de una compañía debe estar igual de cuidado que el de entrada. Aunque esto, por desgracia, no es lo más habitual. Una estrategia de employer branding debe incluir en el diseño, un proceso de offboarding.

El branding y su vertiente hacia el público interno, employer branding, cogen fuerza en este entorno.

Nuestra marca es la forma tangible en que transmitimos nuestro propósito; nuestra estrategia de employer branding es cómo hacemos llegar ese propósito a nuestras personas.

En esta guerra por el talento, tu marca es la gran aliada para atraerlo y comprometerlo. Trabajarla de forma estratégica es, hoy, una necesidad.

Mano de obra no es sinónimo de talento

«En esta empresa no tenemos problemas de mano de obra, cuando alguien sale, enseguida encontramos sustituto». Esta fue una declaración que me hizo un CEO en una reunión. Mi contestación: «Desde luego, mano de obra hay mucha, pero talento, no tanto. El día que seas consciente de que lo que necesitas es talento, volveremos a hablar».

Personas para contratar hay muchas. Personas para atraer, no tantas.

El psicólogo y autor Daniel Goleman, conocido por su trabajo en inteligencia emocional, describe el talento como «una combinación de habilidades naturales, inclinaciones y capacidades adquiridas que nos permite sobresalir en ciertas áreas».

Para mí, de forma sencilla, tener el talento en tu organización es tener a la mejor persona posible en todos y cada uno de los puestos.

Confundimos a menudo el talento con el conocimiento o los títulos, y, como dice Goleman, supone una combinación de habilidades y capacidades. Es más, si me permites, en un mundo donde el conocimiento estará cada vez más estructurado y disponible a través de inteligencia artificial, las habilidades humanas serán el gran diferencial.

Otro de los errores que solemos cometer al hablar de talento es pensar que solo debe estar en la parte más alta de la estructura jerárquica. Tu empresa debe tener talento en todos los niveles organizativos, y, sí, también hablo de una industria donde hay personas que trabajan en línea o del equipo de limpieza de unos almacenes.

Teniendo claro de lo que estamos hablando ¿cuál es el mapa de talento en tu organización?

Crear un mapa de talento en tu organización implica identificar y visualizar las habilidades, competencias y capacidades de las personas en diferentes roles y niveles.

¿Cuál es el mapa de talento actual? ¿Qué talento vas a necesitar dentro de tres años? ¿Podemos ayudar al equipo actual a adaptarse a la nueva situación? ¿Necesitaremos atraer nuevo talento? Hacer un mapa de talento ayudará a que tu estrategia de employer branding conozca dónde

debe poner los esfuerzos.
Para ello puedes hacer lo siguiente:

1. Identifica competencias y habilidades necesarias en el futuro.
2. Recopila la información actual de tu organización.
3. Identifica la brecha entre la situación actual y la futura.
4. Prepara un plan de acción para minimizar esa brecha.
5. Comparte los resultados del mapa de talento con los equipos, fomentando la transparencia y el compromiso en el desarrollo profesional.

El 50 % de todos los empleados necesitarán volver a formarse para 2025, a medida que aumente la adopción de la tecnología, según el Informe sobre el Futuro de los Empleos del Foro Económico Mundial.

El Foro Económico Mundial (FEM) ha desarrollado un marco llamado «Taxonomía de Competencias» que clasifica las habilidades en diferentes categorías según su relevancia para el mercado laboral y la economía actual y futura. Esta taxonomía es parte del proyecto Preparando para el Futuro del Trabajo y tiene como objetivo ayudar a las personas y a las organizaciones a comprender y desarrollar las habilidades necesarias para tener éxito en un entorno laboral en constante evolución.

Por si te sirve, comparto contigo las cuatro categorías principales de la taxonomía del FEM:

1. Habilidades básicas: Incluyen habilidades fundamentales como alfabetización, habilidades numéricas y digitales básicas. Estas destrezas son esenciales para la participación en la sociedad moderna y el entorno laboral.

2. Habilidades de alto nivel: Estas habilidades abarcan la resolución de problemas complejos, el pensamiento crítico, la creatividad y la toma de decisiones. Son habilidades que permiten a las personas abordar desafíos complicados y adaptarse a nuevas situaciones.

3. Habilidades técnicas: Comprenden habilidades específicas relacionadas con campos particulares, como la programación, la ingeniería, la medicina, entre otros. Estas habilidades son cruciales para trabajos que requieren conocimientos especializados.

4. Habilidades interpersonales: Incluyen la comunicación efectiva, la colaboración, la inteligencia emocional y la capacidad de trabajar en equipo. Estas habilidades son esenciales para la interacción exitosa con

colegas y clientes.

La taxonomía del FEM ayuda a las personas y a las organizaciones a comprender mejor cómo evoluciona el panorama laboral y qué habilidades son cada vez más importantes en diferentes roles y sectores. Al comprender estas categorías de habilidades, las personas pueden tomar decisiones informadas sobre su desarrollo profesional y las empresas pueden adaptar sus estrategias de capacitación y contratación para satisfacer las demandas cambiantes del mercado laboral.

Ante el nuevo escenario de la inteligencia artificial y la automatización de tareas, todas las organizaciones pequeñas, medianas y grandes se van a ver inmersas en un cambio radical de la demanda de talento y en las habilidades que van a ser necesarias en esta nueva era.

Tu empresa debería estar analizando hoy este mapa de talento.

Pero estas fórmulas de creación del mapa de talento se vuelven todavía más complejas ante la nueva situación de la irrupción en nuestras empresas de la inteligencia artificial.

Un reciente estudio de Boston Consulting Group sugiere que estas inversiones en la mejora de habilidades representan hasta el 1,5 % de los presupuestos totales de esas organizaciones que saben de la importancia de esta renovación. Pero, mejorar las habilidades por sí solo no será suficiente. Si las estimaciones de la OCDE son correctas, en las próximas décadas puede que millones de trabajadores necesiten volver a capacitarse por completo; un desafío social fundamental y profundamente complejo que exigirá que los equipos no solo adquieran nuevas habilidades, sino que las utilicen para cambiar de ocupación.

«La vida media de las habilidades es ahora inferior a cinco años y en algunos campos de la tecnología es tan baja como dos años y medio. Para millones de trabajadores, la mejora de habilidades por sí sola no será suficiente», Harvard Business Review.

Las habilidades que vamos a demandar en las empresas pasan por lo siguiente:

1. Pensamiento crítico y ético. Aunque la IA puede analizar grandes cantidades de datos, el pensamiento crítico y la capacidad de abordar problemas complejos desde múltiples perspectivas seguirán siendo esenciales para tomar decisiones informadas y encontrar soluciones innovadoras. Las habilidades para tomar decisiones considerando las

10 habilidades más demandadas en 2025

 Pensamiento analítico e innovación.

 Aprendizaje activo y estrategias de aprendizaje.

 Solucionadores de problemas complejos.

 Pensamiento crítico y análisis.

 Creatividad, Originalidad e iniciativa.

 Liderazgo e influencia social.

 Manejo tecnologico, monitoreo y control.

 Programación y diseño tecnológico.

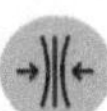 Resiliencia, tolerancia al estrés y flexibilidad.

 Razonamiento, solucionador de problemas y creación.

Tipos de habilidad:

- Solucionador de problemas
- Auto gestión
- Trabajar con personas
- Uso y desarrollo de tecnología

Fuente: Future of Jobs Report 2020. World Economic Forum

implicaciones éticas y sociales serán cada vez más importantes.
2. Agilidad, adaptabilidad y flexibilidad. La capacidad de adaptarse rápidamente a nuevos entornos, tareas y tecnologías será clave, ya que la automatización cambia la naturaleza del trabajo y las necesidades empresariales evolucionan sin parar.

3. Inteligencia emocional y habilidades sociales. Las habilidades interpersonales, como la empatía, la comunicación efectiva y la colaboración seguirán siendo críticas, ya que las interacciones humanas siguen siendo difíciles de reemplazar por la tecnología.

4. Pensamiento creativo. La creatividad es una habilidad humana única que será valiosa para proyectar nuevas ideas, diseñar soluciones creativas y encontrar oportunidades innovadoras en un entorno en constante cambio.

5. Habilidades de comunicación. La capacidad de comunicarse con claridad, tanto verbalmente como por escrito, será fundamental para colaborar con equipos, presentar ideas y liderar con eficacia.

6. Alfabetización digital y tecnológica. A medida que la tecnología sigue avanzando, tener una comprensión sólida de las herramientas digitales y las bases de la tecnología será esencial para interactuar con sistemas automatizados y para contribuir eficazmente en el entorno laboral moderno.

7. Aprendizaje continuo y adaptación constante. La voluntad y la capacidad de aprender nuevas habilidades y mantenerse actualizado con las tendencias tecnológicas y del mercado serán cruciales para prolongar un papel relevante en un mundo en constante evolución.

8. Productividad, gestión del tiempo y autodisciplina. Con la proliferación de la tecnología, salvaguardar el enfoque y la productividad será esencial. La capacidad de gestionar el tiempo de manera efectiva y mantener la autodisciplina será valiosa.

9. Capacidad de liderazgo y gestión de equipos. La habilidad de liderar y gestionar equipos de manera efectiva, inspirar a otros, fomentar la colaboración y brindar orientación será esencial para el éxito en roles de liderazgo.

Tras esta lista, me surgen dos preguntas:

¿Todas estas cualidades que vamos a demandar a nuestro talento, las tienen nuestras empresas? Es decir, ¿tienen nuestras empresas hoy agilidad, flexibilidad, creatividad, liderazgo, habilidades comunicativas, etc.? Y lo que es más importante, ¿cómo vamos a atraer a talento con esas cualidades en una cultura que trabaja en dirección contraria? Quizás el primer paso sería trabajar en una nueva cultura en tu organización.

Y la segunda pregunta, ¿está nuestro sistema educativo trabajando para que las nuevas generaciones estén preparadas para este futuro? Esta segunda pregunta me inquieta más, ya que, creo que estamos muy lejos de tomar en serio este tema por parte de las instituciones educativas y gobiernos.

TENEMOS QUE HABLAR DE
COMPROMETER PERSONAS

«Trabajar duro por algo que no te importa se llama estrés, trabajar duro por algo que amas se llama pasión».

SIMON SINEK

No me cansaré de repetir que, en un momento de la historia en el que casi todo está al alcance de un clic, el auténtico valor diferencial de las marcas son sus personas. La pandemia de la COVID-19 dejó de manifiesto cuán importante es el compromiso y el trabajo colaborativo, así como tener un propósito común.

Hago mía la reflexión de Jim Collins en «Get the right people on the bus».

Imagina que tu empresa es un autobús y tú eres el conductor que debe llevarlo a su destino.

El autobús está parado y es tu trabajo ponerlo en marcha. Tienes que decidir a dónde irás, cómo llegarás allí y quién irá contigo. Normalmente, se le ha dedicado mucho tiempo a pensar hacia dónde vamos, pero muy poco tiempo a pensar ¿quién me va a acompañar en este viaje?

Hay que saber qué personas deben subir, qué lugares deben ocupar y, por último y no menos importante, quién NO debe subir al autobús.

Bajo esta filosofía encontramos tres verdades muy sencillas:

En primer lugar, si comienzas con «quién», serás mucho más ágil y flexible. Si las personas se suben a tu autobús incentivados por el «dónde» van, y pasados unos kilómetros se produce un cambio de dirección, ¿qué ocurrirá? No se cumplirán sus expectativas y quizás no se sientan comprometidos con el nuevo destino.

En segundo lugar, las personas adecuadas (permitidme la expresión) vienen motivadas de casa. Nada es mejor que ser parte de un equipo del que se esperan grandes cosas.

Y por último, por esa razón, ya no hablamos tanto de misión y visión sino de propósito.

A lo largo de la vida de una marca, la misión y la visión pueden cambiar o evolucionar, no hay más que mirar atrás en estos últimos tres años.

El propósito habla de algo superior. Habla del papel y el rol que las marcas tenemos en la sociedad. Y ese propósito es el que nos va a conectar con las personas.

El trabajo ya no es el medio por el que nos «ganamos la vida», como se decía antiguamente. Pasamos alrededor del 30 % de nuestra existencia trabajando y es necesario que esa dedicación esté alineada con nuestra razón de ser como personas. Por esta causa, además de buscar el equilibrio para poder disfrutar de nuestro tiempo, necesitamos encontrar un propósito a nuestro trabajo.

Como dijo Steve Jobs: «La única manera de hacer un gran trabajo es amar lo que haces», o el para qué lo haces (esto lo añado yo).

Según el Randstad Workmonitor 2023:

—El 66 % de los encuestados dejarían su trabajo si les impidiera la conciliación personal y profesional.

—El 31 % ha dejado un trabajo porque no ofrecía suficiente flexibilidad.

—El 38 % no aceptaría un trabajo en una empresa con la que no compartiera valores.

Sin embargo, me sigo encontrando empresas que tras la pandemia han dado pasos atrás, volviendo al modelo presencial obligatorio, que premian calentar la silla en lugar de alcanzar objetivos, que piensan que flexibilidad es sinónimo de descontrol y que los trabajadores no necesitan nada más que conocer en qué consisten sus tareas.

Otra vez queda de manifiesto que hay una diferencia enorme entre lo que queremos las personas y lo que creen las empresas que queremos. Quizás es la falta de conocimiento y de reflexión. Desde la alta dirección no podemos mirar a otro lado, esconder la cabeza y no querer enterarnos de lo que está pasando. Porque escuchar a nuestros equipos y atender a sus necesidades requiere muchas veces de decisiones valientes, sobre todo, porque nos están pidiendo hacer las cosas de modo diferente.

El informe Workforce Benefits in a Changing World 2023 de Alight Solutions también refleja la brecha de la que estamos hablando. En España, el 63% de las empresas afirman entender qué beneficios laborales quieren sus plantillas, pero solo el 39 % de los empleados siente que estos satisfacen sus necesidades.

Las estrategias de employer branding se han convertido en el modo perfecto para desplegar estos cambios organizacionales.

No es romanticismo, son datos.

La famosa frase de conciliar vida profesional y vida personal ha quedado obsoleta. Yo no sé tú, pero yo no tengo dos vidas.

Hablar de las personas como empleados es hablar solo de una parte de su realidad, reduciendo la existencia al acto de trabajar.

Hoy debemos hacer referencia a poner a las personas en el centro, de ofrecerles una experiencia mucho más allá que realizar unas tareas a cambio de un salario.

Una y otra vez argumentamos que nuestras personas deben estar alineadas con el propósito de nuestra marca, pues, si me permitís, ese compromiso y alineación de valores no está en su «vida profesional», está simplemente en su VIDA, en la parte más personal y profunda de su ser.

Así que no podemos encontrar ese engagement si no dejamos de hablar de empleados para hablar de personas.

Y no es nada baladí ni sencillo.

Ahora estamos redescubriendo nuestro mundo con nuevas reglas, donde nuestros equipos nos demandan ser considerados en su totalidad y, sobre todo, en su singularidad.

Cada una de las personas del equipo está en un momento vital diferente, tiene prioridades diferentes y no vale el café para todos.

Complejo, sí. Realizable, también. Es cuestión de compromiso.

En nuestros desayunos #TenemosQueHablar, una empresa con más de 3.000 personas nos contó cómo creó un sistema de encuestas y entrevistas para conocer las necesidades de cada una de ellas.

Ya sé lo que estás pensando. Estás pensando en el coste de este tipo de iniciativas de las que quizás no seas capaz de concebir el retorno. ¿Te has planteado alguna vez el coste que supone no hacerlo? Ya lo hemos comentado, costes de salida, de reclutamiento, de formación y, sin olvidar, la falta de productividad y la generación de incertidumbre ante el equipo. Haz números.

Por esta razón, las empresas ya no tienen empleados. Este cambio de foco supone muchos más cambios de los que puedas imaginar en un primer momento, pero se trata de empezar.

Lo reconozco, lo he visto en muchas empresas, hay que ser valiente para dar el paso y salir de lo que estábamos haciendo hasta ahora.

Todos tenemos la gran oportunidad de crear espacios donde el trabajo sea más motivador y comprometido, productivo y humano.

TENEMOS QUE HABLAR DE
LA OFICINA, LA CIUDAD Y EL MUNDO

«Les pido asegurarse que la humanidad sea servida por la riqueza y no regida por ella».

PAPA FRANCISCO
WORLD ECONOMIC FORUM 2014

La oficina. El teletrabajo solo es la punta del iceberg

En nuestros desayunos #TenemosQueHablar, muchos equipos directivos transmiten sus dudas de cómo saber si la gente es productiva en sus casas. Desde mi punto de vista, esta pregunta también es válida para las oficinas, ¿no? ¿La presencialidad es sinónimo de productividad?

¿Teletrabajo, modelo híbrido o presencial? Amantes y detractores a partes iguales.

Realmente no hay una única respuesta, sino tantas respuestas como personas tienes en tu equipo.

Ya hemos comentado en páginas anteriores que cada persona, incluso en cada momento de su vida, puede tener necesidades diferentes.

Destaca el estudio Global Talent Trends 2023, Page Insights, que el éxito profesional debe ir de la mano de la salud física y mental y de un equilibrio con la parte más personal.

¿Cómo poder satisfacer tantas necesidades diferentes en momentos vitales diferentes? La respuesta es flexibilidad. Necesitamos marcas flexibles que sepan atender las necesidades individuales. Exactamente igual que la personalización de la oferta para tus clientes.

Se observa en el estudio citado que las horas de trabajo flexibles son más importantes en Argentina, Colombia, Perú y Brasil, mientras que el trabajo híbrido es más relevante para Chile, Perú, México y Colombia.
Ten claro el posicionamiento de tu marca en este tema y crea un marco en el que todos se sientan cómodos.

Debbie Lorich, Managing Director y Senior Partner en Boston Consulting Group, da tres consejos a los líderes que para mí encajan perfectamente en esta reflexión:

1. Confía en tu equipo. Sin confianza mutua no se puede desarrollar un trabajo de valor, ni en la oficina ni desde casa.

2. Guíate por los datos. Hablemos de resultados. No nos debería ser muy difícil en la nueva cultura empresarial data-driven.

3. Piensa más allá del horario. No todos somos productivos en los mismos momentos y nuestras necesidades personales de flexibilidad para hacer

compatible todas las áreas de nuestra vida nos demandan salirnos de un horario.

Este tema es complejo, ya que tiene como piedra angular la flexibilidad, algo que nuestras leyes y clase política se empeñan en encorsetar en lugar de flexibilizar.

No puedo estar más de acuerdo con Alessandro Ventura, North America CIO y VP Analytics and Employee Experience de Unilever. Ventura afirma que para ser productivo y que se alcancen objetivos no se necesita presencialidad, se necesita claridad de objetivos, empoderamiento para conseguirlo y un líder que te ayude a saltar los obstáculos que te encontrarás en el camino.

En esta misma línea, apuntó en su día Steve Jobs, la gente válida se autodirige mejor de lo que creemos, solo necesitan una visión conjunta.

Y en este nuevo escenario, ¿en qué lugar quedan nuestras sedes corporativas?

Parece ser que no tiene mucho sentido mantener las sedes corporativas como un lugar donde ir a realizar tareas, si además, estas, las realizas en solitario.

Las oficinas pasan a ser un lugar de colaboración, de cocreación, un sitio donde compartir. Tienden a adoptar un enfoque más centrado en la colaboración, la innovación y la cultura de la empresa. Deben convertirse en espacios diseñados para facilitar la interacción, la creatividad, el intercambio de ideas y enfocados en ofrecer experiencias y recursos que fomenten la colaboración en persona y la construcción de relaciones laborales más sólidas.

Este nuevo enfoque supone crear espacios más flexibles y adaptables que faciliten esa interacción y creatividad de la que hablamos.

Pero ¿qué ocurre con las personas que necesitan presencialidad para ejercer su trabajo?

Uno de los errores que cometemos a la hora de hablar del trabajo híbrido o remoto es que solo pensamos en la gente que está en oficinas. ¿Qué ocurre con la logística, la construcción, la sanidad y otras tantas profesiones? ¿En qué lugar se encuentran? Estas personas representan tres cuartas partes o más de la fuerza laboral en la mayoría de los países.

Estudios realizados en el año 2022 en siete naciones (Australia, Francia, Alemania, India, Japón, Reino Unido y Estados Unidos) de más de 7000 trabajadores presenciales, se llegó a la conclusión de que el 37 % de estos trabajadores podrían estar dispuestos a abandonar su lugar de trabajo en los próximos seis meses. El menor apego se encontró entre los empleados de Japón.

Las personas más jóvenes son las más propensas a dejar su puesto de trabajo frente a las mayores.

Entre las razones que argumentaron por las que podrían dejar sus trabajos, el 50 % citó la falta de flexibilidad o el equilibrio entre el trabajo y la vida privada. Otras razones principales fueron la falta de avance profesional (41 %), el salario (30 %), la falta de disfrute en su posición actual (15 %), y la falta de reconocimiento por sus contribuciones (14 %).

¿Qué pasos deberías dar como CEO ante las personas de tu equipo de este perfil?

—Horarios flexibles. Ten en cuenta los estilos de vida y las necesidades de los trabajadores al diseñar los turnos, quizás la tecnología pueda ser una gran aliada.

—Beneficios ampliados. Ya hemos comentado a lo largo de estas páginas que no todas las personas valoran lo mismo; configura los beneficios para que se adapten mejor a las necesidades de cada uno.

—Crecimiento profesional y mejora de las habilidades. Invertir en la mejora de las habilidades y el reciclaje.

Todos vimos durante la pandemia la importancia de los trabajadores de las profesiones esenciales mientras nosotros trabajábamos desde la seguridad de nuestras casas. Hoy en día, cuidan nuestra salud, de nuestros hijos y mayores; construyen nuestros puentes y manejan los camiones y trenes que entregan los bienes que precisamos para el trabajo y la vida. No podemos dejar de atender sus necesidades.

Esta nueva realidad, unida a las actuales prioridades de nuestras personas, supone para los CEO un reto en la reestructuración en la organización y en el para qué de las oficinas.

Como CEO tienes un gran reto por delante.

La ciudad de los 15 minutos

Tuve la oportunidad de escuchar en un congreso en Madrid a finales de 2022 a Carlos Moreno, profesor de la Universidad de la Sorbona en París, sobre «la ciudad de los 15 minutos» y desde entonces he seguido leyendo sobre esta propuesta y cómo las marcas podíamos y debíamos colaborar ante un nuevo modelo.

Quien inspiró este modelo fue Jane Jacobs (1916-2006). Fue una urbanista y activista cuyos escritos defendieron un enfoque fresco y comunitario para la construcción de ciudades. No tenía formación formal como planificadora y, sin embargo, su tratado de 1961, Muerte y vida de las grandes ciudades americanas, introdujo ideas innovadoras sobre cómo funcionan, evolucionan y fracasan las ciudades.

El concepto de «la ciudad de los 15 minutos» está dando la vuelta al mundo, y en todos los continentes, hoy en día, está en el corazón de muchas políticas urbanas.

Pero, ¿qué es la ciudad de los 15 minutos?

Lo primero que nos dice Moreno es que nos olvidemos del número 15, pueden ser 10, 18 o 23 o de media hora para zonas de menos densidad.

Estamos hablando de un nuevo paradigma sobre una ciudad o un territorio policéntrico en cortas distancias, multiservicial, donde sus habitantes tengan los servicios necesarios diarios en ese espacio de tiempo.

Se han identificado seis funciones sociales claves que son independientes de la densidad y la talla de un territorio:

1.   Alojamiento digno.
2.   Condiciones de trabajo que permitan romper con la dependencia a los largos desplazamientos con mucha descentralización.
3.   Circuitos cortos, todo lo que permita regenerar una economía multiservicial de proximidades.
4.   Acceder a la salud física y mental de manera preventiva para tener más cuidado de cada uno de nosotros y de los otros.
5.   Enriquecer el espíritu, alimentarlo a través de la educación y la cultura ciudadana, todo lo que nos permita tomar conciencia de la importancia de una mejor sociabilidad.
6.   Y, por último, el esparcimiento en un espacio público resiliente frente al clima, con agua, con aire sin polución, con vegetación, con

peatonalización y capacidad de utilizar movilidad baja en carbono.

El cambio supone terminar con la Carta de Atenas de 1937 de Le Corbusier, que consideraba que una ciudad de éxito es aquella que va rápido y lejos. Esta forma urbana se caracterizó después de la Segunda Guerra Mundial por volverse una forma urbana de largas distancias, de tiempo consumido, de zonificación, de desagregación, en la cual el tiempo útil desapareció, convirtiéndonos en, simplemente, elementos de una productividad de consumo poco dado a socializarnos perdiendo la proximidad humana ecológica y social.

En el nuevo modelo del que estamos hablando de la ciudad de 15 minutos, se plantea una proximidad que humanice la ciudad y que debe de transformarse bajo una visión de diseño de servicios para la calidad de vida. Esta nueva visión tiene un cometido social, ecológico y económico.

A estas alturas del capítulo muchos me preguntaréis, Marta, ¿qué tiene que ver este modelo urbanístico con mi empresa?

Este nuevo modelo de ciudad, tal como comentaba Moreno en el congreso de 2022, es aceptado de forma más natural por las nuevas generaciones que buscan una mayor calidad de vida.

Estas nuevas generaciones:

–No conciben «perder» horas de su tiempo en desplazamientos. Son celosos de su tiempo y prefieren dedicarlo a socializar, practicar deporte o descansar.

–Tienen una mayor conciencia en relación con la sostenibilidad y prefieren acudir a sus puestos de trabajo en bicicleta o andando.

Este modelo no es incompatible con el sentimiento de descubrir el mundo. Según nos contó Moreno en aquel congreso, van a viajar menos, pero más lejos y más tiempo, gracias a la posibilidad del trabajo remoto.

No es el único proyecto que pone a las personas en el centro.

«Neom es un proyecto saudita, pero está diseñado para atraer el mejor talento de todo el mundo para vivir allí». Esta es una afirmación de Rayan Fayezen, NEOM Deputy Chief Executive Officer, en la pasada reunión de Davos de 2023.

El territorio también va a ser una palanca para atraer al talento.

Y este modelo, o similares, se replica por todo el mundo.

Azis Armand es el director general y CEO de Indika Energy Indonesia y vicepresidente de la Cámara de Comercio e Industria de Indonesia, también participó en Davos. Allí dio a conocer el proyecto de capital de Indonesia. En el 2019, el Gobierno de Indonesia anunció que se movería la ciudad capital de Yakarta a Kalimantan Oriental, en la isla de Borneo, y se convertiría en la primera ciudad de 10 minutos.

También en Estados Unidos, fuera de Salt Lake City, se está implementando una nueva comunidad llamada The Point que se convertirá en un modelo para los desarrollos de Estados Unidos que buscan proporcionar opciones de movilidad variadas. The Point se está construyendo sobre los principios del urbanismo transitable; se convertirá en un lugar donde los residentes puedan satisfacer todas sus necesidades diarias en un paseo de 15 minutos. Todo un reto para este país.

Trabajar en ciudades sostenibles es uno de los Objetivos de Desarrollo Sostenible, en concreto el número 11. ¿Y por qué debe importarte tanto como CEO? Las ciudades y las áreas metropolitanas son centros neurálgicos del crecimiento económico, ya que contribuyen al 60 % aproximadamente del PIB mundial. Sin embargo, también representan alrededor del 70 % de las emisiones de carbono mundiales y más del 60 % del uso de recursos.

La biodiversidad, una oportunidad para América Latina y el Caribe

Promover la biodiversidad en las ciudades puede ayudar a atajar la crisis del cambio climático. Incorporarla al desarrollo urbano no solo mejora la calidad de vida, sino que también contribuye a la sostenibilidad de las ciudades. Entre los muchos beneficios de la biodiversidad urbana están la regulación del clima, la purificación del aire y del agua, así como los beneficios para la salud mental y física de la población.

La presencia de biodiversidad también puede mejorar la resiliencia ambiental de las ciudades y aumentar su valor económico, al incrementar la cuantía de los inmuebles y el atractivo turístico.

Entre las regiones más biodiversas del mundo se encuentra América Latina y Caribe (ALC).

Aproximadamente el 60 % de la vida terrestre del planeta y diversas especies marinas y de agua dulce se encuentran en esa región, según el Programa de las Naciones Unidas para el Medio Ambiente (PNUMA). Esta biodiversidad no es únicamente un tesoro de riqueza natural, sino también un catalizador de oportunidades en diversos sectores.

Creación de empleo

Una oportunidad clave reside en la creación de nuevos puestos de trabajo. Dar prioridad a la conservación, restauración y uso sostenible de la biodiversidad generará numerosas oportunidades de empleo. Se prevé que la demanda de profesionales cualificados se dispare. Esto incluye desde científicos especializados en conservación y consultores ambientales, hasta operadores de ecoturismo y guardas de parques. El aumento del empleo no solamente reducirá las tasas de desempleo, sino que también contribuirá a revitalizar la economía de la región.

Impulso económico

Además, la resolución ofrece una oportunidad única para revitalizar las economías locales. La ejecución de proyectos de conservación y restauración puede estimular la actividad económica si se obtienen materiales autóctonos y se contrata mano de obra local. Además, la mejora de los paisajes naturales resultante de estas iniciativas atraerá a los turistas, lo que impulsará los negocios locales y creará un efecto dominó en toda la economía de la región.

Inversión sostenible

Otra vía prometedora que ofrece la resolución es la inversión sostenible. Al dar prioridad a la biodiversidad y a las ciudades resilientes, podemos atraer a inversores extranjeros y nacionales que buscan cada vez más oportunidades que sean sostenibles y socialmente responsables. Como resultado de la inyección de capital de inversión, la economía de la región puede crecer, la innovación puede florecer y la competitividad general de la región puede mejorar.

Protección del medio ambiente

También es importante señalar que el compromiso de aumentar sustancialmente los recursos financieros para la conservación de la biodiversidad representa una oportunidad única para ALC. Con este apoyo financiero se pueden desarrollar iniciativas que protejan y conserven la rica biodiversidad de la región, promuevan el desarrollo sostenible y salvaguarden los ecosistemas críticos. Como resultado de estas inversiones, la economía, el bienestar social y la estabilidad ambiental de la región mejorarán considerablemente.

Ampliar la innovación

Como resultado de la resolución, la región tiene otra oportunidad para desarrollar proyectos y programas pilotos. Las iniciativas, que abarcan medidas de conservación, restauración y uso sostenible, servirán de banco de pruebas para enfoques innovadores, así como de modelos para su reproducción. Si estos proyectos se llevan a cabo con éxito, se producirá un efecto dominó que estimulará las economías locales, fomentará el espíritu empresarial y creará oportunidades de empleo.

Una competencia global

En una economía global, donde los territorios y la marca territorio cada vez van a tener más peso a la hora de atraer el talento, debería ser una ocupación de todos los actores, sociedad civil, agentes económicos y gobiernos. Las personas con talento tendrán mucho que ver en el desarrollo de los países, y la concentración de talento en algunos territorios puede llevarnos a mayores desigualdades en la prosperidad de las regiones.

La OECD presentó el estudio Talent Attractiveness 2023, donde revisa la calidad de las oportunidades, ingresos e impuestos, las perspectivas a futuro, el ambiente para la familia, el panorama para las habilidades, la inclusión, la calidad de vida y la política migratoria.

El estudio analizó 38 naciones y los resultados fueron los siguientes:

En los primeros puestos:

1. Nueva Zelanda
2. Suecia
3. Suiza
4. Australia
5. Noruega

En los últimos puestos:

34. Grecia
35. Colombia
36. México
37. Turquía
38. Costa Rica

Por mi vínculo con México quise investigar un poco más sobre esta situación. México quedó en antepenúltimo lugar en el ranking de los 38 países estudiados.

Los países también deben desarrollar su estrategia de atracción de talento. México es un país apasionante y con una gran necesidad, y también potencial, de desarrollar su atractivo para el talento.

Según El Economista Mx, «la capacidad de atraer y retener talento en México ha representado grandes desafíos para las organizaciones. Hasta el 2020, las compañías reportaron problemas de hasta un 30 % para retener a sus empleados. Dos años después, este porcentaje se elevó hasta un 65 % como resultado del desgaste de las personas y un cambio en las expectativas del talento».
En la misma línea apunta el Índice de Competitividad Internacional 2022 (ICI) del Instituto Mexicano para la Competitividad (IMCO) donde México obtuvo la posición número 37 de los 43 países evaluados con un nivel de competitividad bajo.

Hay mucho por hacer en México, un gran país de oportunidades que deben ser aprovechadas.

De hecho, hay empresas cuyo freno para el desarrollo tecnológico y la transformación digital no es la inversión o la cultura interna, sino la capacidad de comprometer el talento necesario para desarrollar los cambios en los que estamos inmersos. Esta situación se repite en muchos países.

El talento es fundamental a la hora de desarrollar la prosperidad futura de los países y en este mundo global competimos, no con países vecinos o afines, sino con el mundo entero. ¿Somos conscientes de esta competencia? ¿Somos conscientes de que aquellos países que comprometan el talento tendrán la llave de la prosperidad futura? Al reto de la falta de conexión entre las empresas y sus equipos, ahora añadimos la alta competencia global.

Los países más y menos atractivos para el talento especializado

ATRACTIVO PARA EL TALENTO 2023

Trabajadores altamente cualificados | País por posición en el ranking

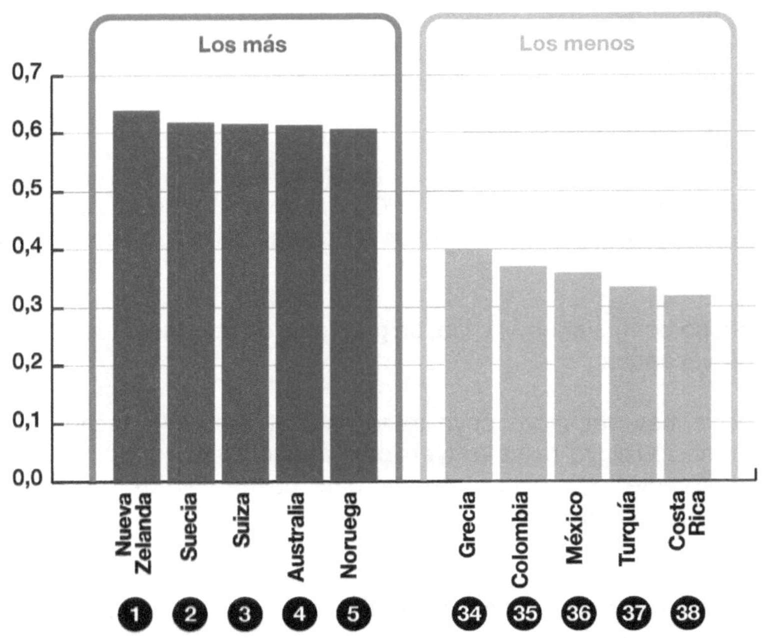

Fuente: OCDE

Desde luego, la marca país pesa mucho en esta percepción.

La marca país es importante porque afecta directamente a la forma en que ese territorio es percibido a nivel internacional y puede tener un impacto significativo en áreas clave como la economía, el turismo, la inversión, la diplomacia y la cultura.

Una marca país fuerte puede atraer a profesionales con talento, estudiantes internacionales y marcas que buscan establecer operaciones en ese territorio. Esto puede impulsar la innovación y el desarrollo de la industria local.

De los 51 países analizados por el estudio Anholt Ipsos Nation Brands Index 2022, España se encuentra en la posición número 11 y no aparece ningún país de América Latina hasta los puestos 27 y 29 con Brasil y Argentina respectivamente, y México en el 31.

Mucho por hacer.

Rango 2021	NBI	Puntuación de 2021
1	Alemania	71,06
2	Canadá	70,64
3	Japón	70,52
4	Italia	70,23
5	Reino Unido	70,08
6	Francia	70,00
7	Suiza	69,76
8	Estados Unidos	69,67
9	Suecia	69,04
10	Australia	68,55
11	España	67,87
12	Noruega	67,50
13	Paises Bajos	66,61
14	Nueva Zelanda	66,54
15	Finlandia	66,15
16	Austria	66,11
17	Escocia	65,79
18	Bélgica	64,85
19	Irlanda	64,79
20	Islandia	63,92
21	Grecia	63,88
22	------	62,50
23	Corea del Sur	61,50
24	Irlanda del Norte	61,27
25	Singapur	60,82
26	Polonia	59,50
27	Rusia	59,06
28	Brasil	58,88
29	Argentina	58,84
30	República Checa	58,72
31	China	57,93
32	Hungría	57,79
33	Taiwán	57,78
34	Tailandia	57,46
35	México	57,45

Fuente: Anholt Ipsos Nation Brands Index

TENEMOS QUE HABLAR DE
NUEVO LIDERAZGO

«El talento no está en la cabeza, está en el corazón. Cuando el corazón se enciende la mente lo sigue».

MARIO ALONSO PUIG

Poner a las personas en el centro no es una opción.

Cualquier propósito tiene en mente a las personas. Y, además, cualquier propósito lo llevan a cabo las personas.

Por esta razón, las reflexiones de Mario Alonso Puig me parecen tan interesantes y tan ligadas a mi propósito.

Para llevar el talento a otro nivel, como CEO, debemos conseguir que nuestras personas estén apasionadas con nuestro propósito, se sientan seguras en su trabajo y se sientan valoradas. Si no asumes estas premisas, no importa lo inteligentes que sean tus personas, no lograrás que den lo mejor de sí.

El ser humano ha avanzado inmensamente a nivel tecnológico y científico, pero poco a nivel psicológico. La importancia del humanismo en la vida se ha convertido en imprescindible para que el ser humano tenga futuro. Tal como leí en un artículo hace pocos días, la recesión en la que podemos vernos inmersos tiene más de desconexión emocional que de problemas económicos.

Que las personas estén en el centro de esta transformación, no es una opción. Que las marcas y sus CEO tienen una gran responsabilidad no es discutible.

Hace falta un nuevo liderazgo

En una etapa de profunda transformación, no necesitamos líderes que nos digan qué es lo que tenemos que hacer, sino líderes valientes que estén dispuestos a tomar nuevos caminos, decisiones arriesgadas (en muchos casos) y que nos inspiren a sumarnos a estos cambios.

Este nuevo liderazgo debe ser consciente de que más allá de su impacto en su equipo o en su empresa, existe el impacto en la sociedad.

La falta de liderazgo podría ser la barrera más grande para una estrategia exitosa en la Cuarta Revolución Industrial.

El nuevo liderazgo habla de que lo que es bueno para la empresa sea bueno para sus personas. Las marcas que tengan líderes con esta vertiente social, que han encontrado el equilibrio entre hacer las cosas bien y las ganancias, serán más grandes.

Otra vertiente importante en el liderazgo es aquella en la que la toma de decisiones está basada en datos. ¿Son compatibles los datos y un liderazgo social? Desde luego que sí, somos nosotros los que decidimos qué datos son considerados correctos y el valor de cada uno de ellos. Los datos sin la valoración humana son únicamente números.

Impulsar la disrupción es otra de las características que deberían tener nuestros líderes. Think different, como ya decía Steve Jobs, va a ser especialmente necesario en esta era.

El nuevo liderazgo debe estar comprometido con el talento y con la necesidad continua de mejorar la formación y habilitar a las personas del equipo a estar en continuo crecimiento, empezando por ellos mismos. Sin embargo, con demasiada frecuencia, los programas de desarrollo del liderazgo no tienen en cuenta adecuadamente la cultura, las normas y el sistema en los que trabaja el líder. ¿Cómo se les puede pedir a los líderes que piensen a largo plazo en una cultura que se obsesiona con los resultados inmediatos? CEO, aquí está tu responsabilidad. Uno de los valores fundamentales de la marca es la coherencia.

Este modelo solo tiene sentido en marcas que apuesten por el largo plazo, por la sostenibilidad y por un compromiso genuino con el mundo. Es una tendencia, pero no es una moda. Es una transformación.

Cuando terminé la universidad y empecé a conocer el mundo de la empresa supe que tenía mucho trabajo por delante, pero que no iba a ser fácil. Me encontré a CEO y direcciones de empresa que estaban centrados en la «cultura del pelotazo». Ganar mucho dinero en el menor tiempo posible sin tener ningún tipo de conciencia del bien común. Eso se acrecentó pocos años antes de 2007 y cuando estalló la crisis de 2008, sintiéndolo mucho, no pude más que alegrarme. Era una situación insostenible. El modelo «las cosas son así y siempre serán así» no va conmigo. Hizo falta una gran crisis para replantear ciertas cuestiones, pero tampoco ha sido suficiente. La tendencia se intuía, pero tuvo que llegar la COVID-19 para avanzar en unas semanas lo que nos hubiera costado décadas. ¿Es necesario que tenga que venir otra gran crisis para seguir progresando? ¿No podemos con este nuevo liderazgo avanzar en una nueva era donde evolución, tecnología y personas vayamos de la mano?

A lo largo de estos años, he trabajado con multitud de equipos directivos en estrategias de employer branding, y siempre ha sido clave la elección de los managers y darse cuenta de que una pieza clave para el éxito son los mandos intermedios, muchas veces olvidados. Porque las estrategias de employer branding no son eventos, no son apps de comunicación interna, lo más importante es el propósito y las personas y solamente a partir de ahí se puede seguir construyendo.

Como ya apuntábamos en páginas anteriores, El estado del lugar de trabajo en México 2023, realizado por Gallup y El Economista, apunta que el 73 % de los colaboradores mexicanos no se sienten comprometidos con su trabajo, lo cual puede responder a una gestión deficiente del talento. Pero también destaca que, además, 7 de cada 10 colaboradores tienen un bajo nivel de compromiso y se lo atribuyen a una mala gestión del jefe, por ello es importante que los líderes generen ambientes positivos a fin de que los equipos se desarrollen plenamente.

Este mismo estudio a nivel internacional pregunta a los empleados: ¿Qué cambiaría en su lugar de trabajo para mejorarlo? Algunos querían un mejor sueldo o más flexibilidad, pero las respuestas más comunes se referían a su gerente directo o liderazgo:

«Cambiaría al jefe» (Brasil).

«Me gustaría que los gerentes fueran más accesibles» (U.K.).

«Me gustaría que hubiera un buen ambiente de trabajo en el que todos nos tratemos con igualdad y respeto» (México).

«El jefe debe tratar a todos de manera justa» (Sudáfrica).

«Sería bueno poder expresar tus opiniones sin temor a las repercusiones en el trabajo» (España).

Confiar en el liderazgo de la organización multiplica por cuatro las probabilidades de estar comprometidos, y un 58 % menos propensos a estar atentos o buscando activamente un nuevo trabajo.

De CEO a CEO, pongamos el foco en nuestro propósito y en nuestras personas como eje de cualquier decisión de marca. Elegid bien QUIÉN tiene que acompañarnos en este viaje porque las personas y los puestos que deben ocupar en nuestro autobús (recordando a Collins) es lo más importante.

Las nuevas reglas en la era de la inteligencia artificial están redefiniendo el impacto de las empresas, y todavía estamos tratando de entender las implicaciones. Las antiguas suposiciones ya no parecen encajar.

Sea cual sea el sector al que te dediques, o si es una empresa nueva o con trayectoria, la transformación es una obligación, pero no ahora, sino de forma repetida y constante en el futuro.

Debemos encontrar formas más sabias de liderar la empresa en la transformación digital.

Debemos encontrar mejores métodos para gestionar los nuevos recursos y capacidades que se están creando y desplegando cada día en la organización.

Las tecnologías van a estar disponibles para todos. La mayor dificultad en el trabajo es cambiar la organización, transformar la arquitectura organizativa y construir las habilidades y capacidades correctas, y cultura para conducir esa creciente digitalización. Y es un gran reto porque la teoría parece fácil, pero no lo es en la práctica. En muchas ocasiones, el no ver un retorno inmediato hace que la apuesta de la transformación sea más difícil. Incluso aunque los managers reconozcan que la empresa debe transformarse, aunque haya compromiso y recursos, también reconocen que hay muchos frenos para llevarla a cabo. Por eso, en estas situaciones, el compromiso de los líderes buscando fórmulas para sortear esos obstáculos es lo que marca la diferencia entre el éxito y el fracaso.

Se necesita un liderazgo con compromiso profundo con la transformación tecnológica, pero que de la misma manera tenga la empatía y conocimiento de la naturaleza humana para conseguir esa simbiosis perfecta de la nueva era.

Las marcas son la personalización de ese futuro.

TENEMOS QUE HABLAR DE
LAS CAMPEONAS DEL MUNDO DE FÚTBOL 2023

Dedicado a Alexia, Salma, Olga, Jennifer, Aitana, Alba, Cata, Irene, Ona, Mariona, Teresa, Laia, Athenea, Esther, Misa, Ivana, Claudia, Irene, Eva, Rocío, Oihane, María y Enith.

CAMPEONAS DEL MUNDO DE FÚTBOL 2023

Hoy es 20 de agosto de 2023. Hace dos horas la Selección Española de Fútbol ganaba la Copa del Mundo en Australia. 23 mujeres que han hecho historia y por las que hoy este capítulo, dedicado a la igualdad, se inspira en ellas.

Ya desde los primeros minutos de partido se sintió la intensidad que nos quedaba por vivir en las siguientes horas.

Un país unido en torno a este equipo y a nuestra bandera. Y es que la sensación de orgullo de pertenencia, el conseguir algo en grupo (aunque sea desde el sofá de tu casa), la ilusión de que todo es posible, de que juntos somos superiores, saca lo mejor de cada uno de nosotros.

Las redes sociales echaban humo. Ya no solo ves el partido con tu familia y amigos, sino que lo compartes a tiempo real con millones de personas. Lo que aún multiplica más el orgullo.

Y el camino no ha sido fácil. En España, en 1970 comenzaba el fútbol femenino desde la clandestinidad. La selección española jugó muchos años sin el escudo, ya que no era reconocida oficialmente. Y este reconocimiento no llegó hasta 1983. ¿Podéis volver a leer el año? ¡¡1983!! Este 2023 hace 40 años.

40 años de luchar contra prejuicios, estereotipos, frenos, techos de cristal, dudas y miedos, pero también ilusión por cambiar las cosas, valentía y, sobre todo, trabajo, mucho trabajo.

Estas victorias pueden hacernos perder el foco de todo lo que queda por hacer. Hay que disfrutar de este gran éxito, pero debemos seguir trabajando por la igualdad.

Date cuenta de todo lo que nos hemos estado perdiendo.

Las mujeres hemos vibrado durante años con los éxitos de nuestra selección masculina de fútbol. Ver vibrar a los niños y a los hombres ahora con la femenina es maravilloso.

Ahora tenemos el doble de posibilidades de que España sea campeona del mundo. Hombres y mujeres somos capaces de hacer grandes cosas juntos. El fútbol hoy ha sido símbolo de todo lo que somos capaces de hacer. Y esta lucha por la igualdad se consigue del trabajo diario de cada una de nosotras, pero también de cada uno de vosotros. Solas no podemos.

No se trata solo del empoderamiento de la mujer.

Hace unos meses estuve como invitada a compartir mis reflexiones sobre igualdad en una mesa coloquio dedicada a la mujer. La pregunta: ¿Cuáles son las dificultades que tienen las mujeres para alcanzar el liderazgo en las empresas? Mi respuesta fue: «Encontramos muchas dificultades, pero tenemos todas las capacidades para superarlas. Estamos empoderadas, somos conscientes del síndrome de la impostora y lo superamos. Cada una de nosotras trabajamos para cambiar nuestro entorno más directo y así cambiar la sociedad en busca de la igualdad real».

El mensaje quedaba incompleto. Nos acompañaban instituciones, empresas, hombres y mujeres dispuestos a dedicar una hora de su tiempo, a escucharnos y a reflexionar con nosotras.

Tras las intervenciones de todas las invitadas, no pude resistirme a pedir de nuevo la palabra para no desaprovechar la oportunidad de trasladar un segundo mensaje: «Nuestro empoderamiento no es suficiente. No podemos solas».

Instituciones y organismos políticos, sociales y económicos deben trabajar en paralelo para quitar dificultades y obstáculos y así poder acelerar el paso. Y si hay alguien que es imprescindible como aliado para conseguir la igualdad son los hombres. Solo juntos podremos lograrlo en beneficio de toda la sociedad.

Este evento formaba parte de un ciclo de conferencias. Al día siguiente pude acudir a otra mesa coloquio, esta vez como asistente, y para mi decepción, tratando un tema general, no de género, no había una sola mujer en la mesa. Esta foto es la que hay que cambiar. Reflexionando por separado no hacemos nada.

Como CEO, ¿estás dispuesto a renunciar a la mitad del talento que tienes disponible?, ¿estás dispuesto a pasar de puntillas por esta gran transformación que está viviendo la sociedad? La transformación digital no es la más importante que estamos viviendo. E igual que preocupa y ocupa a todos los equipos directivos la transformación tecnológica, al mismo nivel (o más) está la transformación por una sociedad más justa.

Imagina lo que una sociedad 100 % en igualdad podría conseguir.

Levantar una copa del mundo provoca una onda expansiva imparable y alrededor de estas 23 futbolistas hay otras profesiones que también se benefician de estos cambios. El mundial ha sido comentado por un equipo de periodistas 100 % compuesto de mujeres. Esta apuesta por tener esta plantilla ha dado voz ante un micrófono a grandes profesionales que de otra manera, quizás, no hubieran nunca comentado una final de fútbol, y no por su falta de valía o profesionalidad. El reto, que hombres y mujeres juntos puedan transmitir una final del Campeonato del Mundo.

El valor de la ambición. Muchos de los mensajes del día de la final en redes sociales iba encaminado a que ya habíamos hecho historia al jugar la final. Y es verdad y está muy bien, pero: ¡Yo quería ser campeona del mundo! La ambición no es un valor negativo, aunque en muchas ocasiones, al personalizarlo en mujeres, así se ha querido trasladar. Las connotaciones de la expresión «hombre ambicioso» y «mujer ambiciosa» no han sido las mismas a lo largo de la historia. Tenemos que acabar con este sesgo. Yo soy una mujer ambiciosa porque día a día me enfrento a grandes desafíos y trabajo para alcanzarlos.

Como CEO tenemos que ser conscientes de que estos sesgos existen y son barreras a la hora de acceder a los puestos de liderazgo. Fue inspirador para mí el encuentro con Sandra Deltell, Socia responsable de PwC en la Comunidad Valenciana y Región de Murcia, PwC España y vicepresidenta de EVAP, sobre sesgos. Avalado por datos, puso negro sobre blanco de los sesgos que hoy existen en todos los ámbitos, incluida la empresa. Tenemos el gran reto de estar en órganos de decisión, pero, no es el único, porque, «estar, no es pertenecer»

Los sesgos pueden ser externos (concienciación cultural y leyes) e internos, tanto conscientes como inconscientes. Y el mayor peligro es no ser conscientes de su existencia.

Aquí hay que tener en cuenta los estereotipos de grupo. El mero hecho de pertenecer a un grupo con un estereotipo negativo nos genera sesgos y determina nuestra manera de actuar. ¿Aprendemos a fallar? ¿Tenemos indefensión aprendida? Aprendemos la conducta que se espera de nosotras y eso es un limitante impresionante del potencial de cada persona. La mujer formaba parte de un grupo del que se espera un determinado comportamiento, y ese estereotipo de grupo ha marcado la personalidad de muchas, y lo peor es que no éramos conscientes sino que nos hemos desarrollamos pensando que eran limitaciones propias.

Cuando rompemos con los estereotipos y alcanzamos lo que nos proponemos, encontramos otro problema. En ocasiones, estamos en un grupo dominante pero no pertenecemos. Estar no es pertenecer. Esto ocurre en los consejos de dirección cuando una sola mujer está en el grupo, pero no tiene, de forma informal, la misma consideración que el resto de colegas. Como CEO, debes ser consciente de que los sesgos te impiden desarrollar todo el talento que la igualdad nos brinda.

Siguiendo con el fútbol, Orange lanzo una campaña realizada con inteligencia artificial de gran impacto. El propósito residía en desmantelar uno de los estereotipos que con excesiva frecuencia rodean al fútbol femenino, su falta de calidad. Los vídeos resúmenes de grandes jugadas fue la excusa perfecta para, de la mano de la IA, poner de manifiesto estos sesgos.

Concretamente, a través de una recopilación inédita de acciones del equipo masculino de Francia. Acciones que en pantalla aparecen en las botas de las grandes estrellas masculinas de Francia, pero que pocos instantes después se revela que en realidad son jugadas desarrolladas por las jugadoras de Francia. El vídeo termina con una gran afirmación, sencilla, pero muy contundente: «Cuando Orange apoya a Les Bleus, Orange apoya a Les Bleues».

Todas las campeonas del mundo de hoy (y es recurrente cuando se repiten situaciones similares) dedican el triunfo a las personas a las que quieren y en especial a los que ya no están. No esperemos a ganar un campeonato del mundo para ser conscientes de que lo más importante en la vida son las personas que te quieren y a las que quieres. Personas que te han inspirado a sacar lo mejor de ti. Todos tenemos a esas personas que creían más en nuestras posibilidades que nosotros mismos, que te hacen salir de tu zona de confort y que han sido impulsoras de grandes logros. Seguramente cada uno de nosotros somos inspiradores para otros de forma más o menos consciente, y eso es una gran responsabilidad.

Como CEO con nuestras decisiones, palabras y actos diarios modificamos la realidad.

¡Queda mucho por hacer! Pero hay que disfrutar de los éxitos que se consiguen en el camino.

¡Enhorabuena, ESPAÑA!

Escribo desde la emoción, así que, quizás, no haya sido muy ortodoxa en estas líneas.

#SeAcabó

CONCLUSIONES

El proceso de escribir estas páginas ha sido apasionante y enriquecedor a partes iguales. Comencé a escribir pensando en transmitir todas las reflexiones y experiencias de estos años y las conversaciones de los desayunos #TenemosQueHablar. Y lo que me he encontrado es una maravillosa forma de ordenar mis ideas, ser más curiosa (leer más, investigar mejor) y replantear creencias.

Ha sido un proceso personal fantástico que espero te ayude a, por lo menos lo mismo que a mí, ordenar tus ideas, desplegar tu curiosidad y replantearte creencias.

> Encuentra tu propósito en esta sociedad.
> Construye una marca fuerte y sólida que sirva de guía
> para tus clientes y equipo.
> Compromete al mejor talento.
> Abraza la nueva era.
> Impacta positivamente en tu entorno.
> Trabaja en la igualdad.
> Sé consciente de tu responsabilidad como CEO.

En cuanto a la parte más personal, me han inundado sentimientos encontrados. Un gran Sindrome de la Impostora me abruma terminando estas últimas páginas, unido al vértigo y al miedo de hacer algo por primera vez. Un colega me preguntó como había superado todas esas creencias limitantes a la hora de escribir este libro, y yo le contesté: el miedo, hoy, es para mí, indicio de que algo maravilloso se esconde tras él.

Lo mejor, estoy segura, está por venir.

AGRADECIMIENTOS

«I am because you are».

NELSON MANDELA

Soy por todas las personas
que han inspirado mi vida. Gracias

Marta

A Alba y Alejandra, por ser mi motor y mi razón de ser, por las que cada día intento ser un poco mejor.

A Lucía, porque me inspira su esfuerzo, su energía y la mujer en la que se está convirtiendo.

A mis padres, Manuela y Vicente, y a todos mis hermanos, Teresa, Pieri, Sergio, Alfredo y Lili, porque mi propósito está ligado a los valores de mi infancia. A Sergio, en especial, por ser mi alma gemela e instigador para salir de mi zona de confort.

A Eduardo, por compartir la vida durante 35 años y ser, en parte, responsable de la mujer que soy hoy.

A Carolina, Fernando, Carla, Alejandro, Marta y Celia por ser ese pilar que me sostiene, la familia que eliges.

A Maica, por ser y estar desde mis primeros recuerdos y abrirme las puertas del Nuevo Mundo.

A Manu, por las horas de conversaciones, amistad y coaching.

A José María, por creer en mí más que yo misma.

A Víctor, por darme la oportunidad de evangelizar en branding cada año.

A Grupo Scout Ain–Karen y todos los que han formado parte de él durante estos años, por dar forma a mi vida.

A José Miguel, Sandra, Ester y Noelia por ser mi mitad.

A Susana e Isa, por ser las personas vitaminas a las que siempre acudir.

A mi Junta Directiva Permanente: Angélica, Astrid, Bernardo, Enrique, Eva, Inma, Javier, José María, José Manuel, Manolo, Marián, Paco y Yael, por dejarme aprender de ellos y por enseñarme el valor de la unión, el compañerismo, la amistad y la admiración entre colegas.

A Amanda, por ser culpable de que se cumplan algunos de mis sueños.

A todas las personas que forman parte del Club de Marketing del Mediterráneo por confiar en nuestro proyecto y darme una de las mejores experiencias de mi vida.

A todas las mujeres EVAP y, en especial, a Eva y a Cristina, por trabajar juntas en esta aventura de luchar por la igualdad.

A Sandra, Nuria, Inma, Guiller, Irene, Ángela y Amaya por embarcarse conmigo en nuevos y grandes desafíos.

A Ari, Maca y Jara, por su apoyo, compromiso y su trabajo diario.

A todas las personas que han formado parte del equipo de NEXIA en estos veinte años, y en especial a Teresa.

A todos los clientes, proveedores y colaboradores por su confianza y por haberme dado la oportunidad de trabajar en grandes proyectos intentando mejorar la vida de los demás.

A Andy, por compartir un propósito, sacar lo mejor de mí y ser parte inspiradora de mi vida.

A los ritmos del Caribe,
por hacerme bailar cada día.

REFERENCIAS BIBLIOGRÁFICAS

Benedito, I. (2022). Más dimisiones que nunca: el número de trabajadores que dejan su empleo se dispara un 110 % en la primera mitad de 2022 y avisa de una 'Gran Renuncia' a la española. Business Insider. https://www.businessinsider.es/gran-renuncia-maximos-1106179

Blackman, R. (2023). Ansiedad generativa por IA. Harvard Business Review. https://hbr.org/2023/08/generative-ai-nxiety?language=es

Canonico, P. (2022). Un estudio revela un cambio clave en las prioridades de los jóvenes en la postpandemia. Clarín. https://www.clarin.com/sociedad/estudio-revela-cambio-clave-prioridades-jovenes-postpandemia_0_2EakBJRAHA.html

Clifton, J. (2023). Why the World Can't Quit Quiet Quitting. Gallup. https://www.gallup.com/workplace/507650/why-world-quit-quiet-quitting.aspx

Collins, J. (2021). Get the right people on the bus. https://www.jimcollins.com/article_topics/articles/first-who.html

Constable, J. (2023). Don't Let Your Company's Culture Stifle Leadership Development. Harvard Business Review. https://hbr.org/2023/08/dont-let-your-companys-culture-stifle-leadership-development

Dhar, J., Lovich, D., Mattey, C., South, N., Takeuchi, T. y Ullrich, S. (2022). Why Deskless Workers Are Leaving-and How to Win Them Back. BCG. https://www.bcg.com/publications/2022/why-deskless-workers-are-leaving-and-how-to-win-them-back

El Economista (2023). El Estado del Lugar de Trabajo en 2023. Perspectivas para América Latina y El Caribe. https://www.eleconomista.com.mx/capitalhumano/El-Estado-del-Lugar-de-Trabajo-en-2023-Perspectivas-para-America-Latina-y-El-Caribe-20230712-0093.html

El Economista (2023). México, uno de los países menos atractivos para el talento especializado y emprendedores. https://www.eleconomista.com.mx/capitalhumano/Mexico-uno-de-los-paises-menos-atractivos-para-el-talento-especializado-y-emprendedores-20230320-0082.html#

Ellis, L. y Yang, A. (2022). If Your Co-Workers Are 'Quiet Quitting', Here's What That Means. The Wall Street Journal. https://www.wsj.com/articles/if-your-gen-z-co-workers-are-quiet-quitting-heres-what-that-means-11660260608

Iansiti M. y Lakhani, K. R. (2020). Competing in the Age of AI. Harvard Business Review. https://hbr.org/2020/01/competing-in-the-age-of-ai.

IMCO (2022). Índice de Competitividad Internacional. https://imco.org.mx/indice-de-competitividad-internacional-2022/#:~:text=M%C3%A9xico%20obtuvo%20la%20posici%C3%B3n%2037,a%20las%20otras%2042%20econom%C3%ADas.

Iranzo, M. (26 de mayo de 2019). El marketing es estratégico para las empresas y no solo una cuestión de estética. Valencia Plaza [Entrevista]. https://valenciaplaza.com/MartaIranzoElmarketingesestratgicoparalasempresasynosolounacuestindeestica1

Langreo, B., Buenavista, E. y Martín, N. (2023). Pioneras del fútbol: así comenzó la Selección Española femenina, 20 minutos. https://brandedcontent.20minutos.es/pioneras-futbol-como-comenzo-seleccion-femenina-espana/

Moreno, C. (2023). La ciudad de los 15 minutos [Entrevista] https://
www.youtube.com/watch?v=LYnqL3tDDm8
Nicoletti, L. y Bass, D. (2023). Humans are biased.
Generative AI is even worse. Bloomberg. https://www.
bloomberg.com/graphics/2023-generative-ai-bias/

OECD (2023) Talent Attractiveness 2023. https://www.oecd.org/mi-
gration/talent-attractiveness/

Periódico PublicidAD (2023). Espectacular campaña de Orange
para ensalzar el fútbol femenino con IA. https://lapublicidad.net/
espectacular-campana-de-orange-para-ensalzar-el-futbol-femeni-
no-con-ia/

Schein, E. H. (2016). Organizational Culture and Leadership. Wiley.

Sinek, S. (2009). The Golden Circle [Charla TED]. https://www.
youtube.com/watch?v=Ppd4BxcbbNI

Smith, D. D. (2023). What to Do When You Don't Trust Your Employee. Harvard Business Review. https://hbr.org/2023/08/what-to-do-
when-you-dont-trust-your-employee?ab=HP-latest-text-8

Stalman, A. (2017). Human Off On. 2.ª ed. Deusto.

Stalman, A. (2020). TOTEM, transformando clientes en creyentes.
4.ª ed. Deusto.

Strack, R. (2014). The workforce crisis of 2030 and how to start sol-
ving it now. https://www.ted.com/talks/rainer_strack_the_workfor-
ce_crisis_of_2030_and_how_to_start_solving_it_now/transcript

Sullivan, D. y Hardy, B. (2021). Quién, no Cómo. Empresa Activa.

Ventura, A. How do you build organizational culture in an hybrid
world? [Entrevista]. Future Forum. https://futureforum.com/execu-
tive-insights/how-do-you-build-organizational-culture-in-a-hybrid-

world/

World Economic Forum (2020). These are the top 10 job skills of tomorrow – and how long it takes to learn them https://www.weforum.org/agenda/2020/10/top-10-work-skills-of-tomorrow-how-long-it-takes-to-learn-them/

World Economic Forum (2023). Cómo conservar la biodiversidad puede beneficiar a las ciudades de América Latina y Caribe. https://es.weforum.org/agenda/2023/07/por-que-conversar-la-biodiversidad-puede-abrir-oportunidades-para-america-latina-y-el-caribe/

World Economic Forum (2023). How urban planners design for walkability: Lessons from one Utah community. https://www.weforum.org/agenda/2023/05/cities-urban-walkability-the-point-utah/

Anholt Ipsos Nation Brands Index 2022. https://www.ipsos.com/en/nation-brands-index-2021

Deloitte Insights. Success personified in the Fourth Industrial Revolution. https://www2.deloitte.com/content/dam/insights/us/articles/GLOB1948_Success-personified-4th-ind-rev/DI_Success-personified-fourth-industrial-revolution.pdf

Deloitte Insights. The Fourth Industrial Revolution is here–are you ready? https://www2.deloitte.com/content/dam/Deloitte/tr/Documents/manufacturing/Industry4-0_Are-you-ready_Report.pdf

Global Talent Trends 2023, Page Insights. https://www.michaelpage.es/prensa-estudios/estudios/talent-trends
Informe Best Workplaces 2023. Great Place To Work España. https://greatplacetowork.es/mejores-empresas-trabajar/

Informe Workforce Benefits in a Changing World 2023 de Alight Solutions. https://www.alight.com/es/About/Newsroom/alight-benefits-study-2023-espana

Randstad Employer Brand Research España 2022. https://www.randstad.es/employerbranding/estudiosemployerbrand/employer-brand-research-2022/

Randstad Employer Brand Research de México 2023. https://www.randstad.com.mx/sobre-nosotros/noticias/ndp-estudio-employer-brand-research-2023/
Randstad Workmonitor 2023. https://www.randstad.es/workmonitor/

ONU. Objetivos de Desarrollo Sostenible. https://www.un.org/sustainabledevelopment/es/cities/